This Book Belongs To:

_ _ _ _ _ _ _ _ _ _

Words listed on **Word Search Puzzles** may run in various directions: horizontal, diagonal, vertical, forward and backward.

Copyright © 2020 J. Markz Publishing

All rights reserved. No part of this book my be used or reproduced in any manner whatsoever without written permission except in the case of brief quotations embodied in critical articles and reviews.

PUZZLE #1

US Airlines

```
S S P I R I T A I R L I N E S G J
E K G U Y G H V M G W O C H X S N
N S E N I L R I A N A I I A W A H
I C D E L T A A I R L I N E S I M
L U G D S O J N Y X R G C B S T U
R E V E A A L L E G I A N T A I R
I G S E N I L R I A A K S A L A L
A Q D X M U F Y Q U Q Y T J U F B
T F T V O P T Q H M E T E W Z D N
S E N I L R I A R E I T N O R F C
E L I P S N W D G E B B J N Y G J
W I S P F J L V Q L V O D M W L I
H X B L B H Q U U B C Q I S R R Z
T E W I T X H E G Y F S R R F B W
U M A K W Y F T I N H L C M U J N
O W O S E N I L R I A D E T I N U
S A M E R I C A N A I R L I N E S
```

United Airlines Spirit Airlines Southwest Airlines JetBlue
Hawaiian Airlines Frontier Airlines Delta Air Lines
American Airlines Allegiant Air Alaska Airlines

PUZZLE #2

Major International Airlines

```
V D D X C H S E N I L R I A H C T U D L A Y O R
O F U W Z A H W P A J R C X G V F N N V H C S A
D U Y X G W R T H A P I R P C S T F N F U I T G
S O S R A A H U E X D N A L A E Z W E N R I A S
E O I R X I N C I T N A L T A N I G R I V V G E
N Y N Z M I G P K N X F I D S U P Q N T F F V N
I J G U S A S H A U V B X G Z C H V A O W Q B I
L Q A J A N O J S X G S L G Y B U O N P P A Z L
R D P G T A C N N E L P N T O F X W C O L T D R
I E O N N I H A A E V G S X K D L P L A B A K I
A B R I A R C C H W T D A U O W N N H T O R N A
N Q E G Q L T P T C T I W F A M Y M Q C B A U N
A T A Q N I F Y F O I D H H O U G Y Q T P I G A
E R I J J N H W U U K F K A Q H T A E R W R N P
R I R E U E G F L L A F I Q D C K B Y A B W X A
O A L V R S C B S M U D I C O A X H V M T A W J
K N I A P S X Y J W F G H B A K I W G A Q Y K J
J N N A S N G O Y N X H C H Y P L R K A L S T T
T I E I Q E H B J B D I U H Q L Y H W A G K V E
S F S R C Y P L O J C C B U T D D A Y A Z M Q M
S Y A W R I A N O P P I N L L A S R H M Y W R F
Q Z E F U O K L T S E T A R I M E X C T Y S U V
I S Y Z H Q N L G O H A N G O V S Y Y V A L E T
S L A I L A R T S U A N I G R I V F J C J C T H
```

Etihad Airways   Hawaiian Airlines   Korean Airlines   Royal Dutch Airlines

Japan Airlines   Finnair   Lufthansa   Virgin Australia   Qatar Airways   EVA Air

Virgin Atlantic   Emirates   Cathay Pacific   Qantas   All Nippon Airways

Singapore Airlines   Air New Zealand

PUZZLE #3

US Airports 1

```
R P T X D X M - M E S P N F X R J A N X M U S D
D J R P C B I X W - M M Y R O O B E O O P T E S
J J O R G - Y E T Y W S S H J B D K S S L D A T
G G P C K W J - R M M D A L O R K J K A B F T R
J S R F U D B M O F X R J S M A G N C L E F T O
O I I F R M C W P D E U M H B H J Y A G S X L P
N I A R D B U S R A - - F P G Y I E J U V A E R
D - N T X G E O I L B J R B I K O L - O G D T I
E M A L M O C R A L G U F C L S Y X D D B E A A
N Y R S O W P J O A N C F E E X P A L E C S C O
V R R C C O X S D S N W N P T I P F E T A U O C
E D A P R A F C N F M M F U S N B N I T O A M S
R S C T B - I E A O E R E V M E B G F O D B A I
A I C P A R M O L R W J D A M O E B S L I C A C
I H M K J W J B R T B Y G R R H L D T R G N I N
R J N E U D W R O W M X V H F P T C R A K D R A
P M R N A A I I P O N P R V L B U I A H - L P R
O K S C P L I K C R N Y J D F L U V H C Y S O F
R T R O P R I A Y T R E B I L K R A W E N H R N
T H O X T I A O R H N J R T Y F O D T G M T T A
W T F G E O R G E B U S H A I R P O R T J F X S
W R C - C U W X V W S J N G F J D M N I L L K B
C L C J K T W R J O H N F K E N N E D Y S A V G
O A A H T R O P R I A S E L E G N A S O L P E Y
```

George Bush Airport   Phoenix Sky Harbor   Charlotte Douglas
Newark Liberty Airport   Orlando Airport   McCarran Airport   Seattle-Tacoma Airport
San Francisco Airport   John F Kennedy   Denver Airport   Dallas-Fort Worth
O'Hare Airport   Los Angeles Airport   Hartsfield–Jackson

PUZZLE #4

US Airports 2

```
T T R O P R I A S E L L U D N O T G N I H S A W
R M Y P G Z P X R N E N M M I D L S V V A D D P
O K C B H S A L T L A K E C I T Y A I R P O R T
P J Q R J I P J B X E A M H G L V D U C F L U K
R D T D O A L I B S G S F A P J H A A P O P U C
I A K R X L H A K B D W G A H P N V N O Y Y T Z
A N Q A O F V R D C V X W D D I U N T S Y R H L
L I E K V P Z P A E G C B B A G S D I Z O K O H
A E U W A J R B L H L T C K F R P M F P U X T U
N L Q E P E E I A A M P A S K T E J R K D P Y Z
O K V V T A H B A F G I H V X W D I Z D A V X P
I I S L L U I T Q Y R U Y I S E A J A Y B E V P
G N R V K B G S A P A O A I A M C J S U L M H X
E O G Y B F J W O E Q W D R A A C R O V X H O P
R U R X L G M R B O P K D H D O I T B H T C R P
N Y G E F P T A A S G Z G I F I V R L C N N Z W
A E A K B X X E F R O N F K M W A O P N B N U R
H A N Q D M Z R U U I Q Y Y M O P A N O T S I C
T I K U H F B N T L N J S P N U G G I K R M A E
O R D T V E G H L W S S U L K I Z A Y R W T O Y
D P Y Y U R J I A A M W G E M E B Q C A P S O B
U O O Q A Q D P A B H W E A Y P H T C I W O S H
E R I V I E E Z Z J F Y D O U O A T H Z H H R W
B T Z Q S A N D I E G O A I R P O R T W Q C I T
```

Dillingham Airport   Aniak Airport   Daniel K Inouye Airport   Chicago Midway Airport

Dothan Regional Airport   Washington Dulles Airport   San Diego Airport

Salt Lake City Airport   LaGuardia Airport   Philadelphia Airport

PUZZLE #5

Aviation Movies 1

```
P S J X D Z T M U L U Q W Z T G B C D R W W Q J
Z U F A E D U Q V N N D S E R D P Z X J H A F N
N T E J A O O L E P Q U L Y R H G P B G J Z W G
U B B E C I Q Z Z Q F Z G V R C C H E U B M J X
P G S F N E U X D A V T V P T A T K V C Q C S A
L Y P A M W W W W L U D K W O P A H X D X Z X Z
A V V N W N W D K H O G Z A H T X R G H H U G I
N B M O V G E T I H W E H T O T N I Y I S A Y T
E M S O J Y W K Y O N J G M R E D T A I L S C G
S O J T E S R M S X C E U Y T S B T R L O F M U
F H J Y S I Y A B J E D E D K E K C C G V N Z P
I W X O K Y T T T N V D E R K K A N D A G A R C
R G A N T W X Y O G N T R J J Q B J A V L Q P O
E D U J A N P E R G I V C G F A P W A P D K J U
R D O W E S C I J C N K O F N V Q M Q S Q J Y B
E E T Z H R U H X C B T F O W L B R N W H E M D
S M B B O I D E V O U M I V A J Z P Q Z T J Q A
C W P F X L O B C M N X R I M F J M Z Z U Q X C
U V R K Q S K U B E A U T I F U L D R E A M E R
E I K M M X I N E O H P E H T F O T H G I L F X
A N R I B V Q I I J T X S O Q Y P J R T M J C U
J F F N E T J Z Q V V J B N U W R T F I L R I A
Z R L E X X E U I A G W Y Z L N O I T I D N E R
E H I I E J S D B T E D A M N A C I R E M A O F
```

Top Gun   Air Force One   Red Tails   Into the White   American Made   Flight Crew
Kandagar   Flight of the Phoenix   I'm So Excited   Beautiful Dreamer   Rendition
Dunkirk   Neerja   Airlift   Planes: Fire & Rescue

PUZZLE #6

Aviation Movies 2

```
M F M E L P N S M T T I I T L M I O P H G I B R
B G D A R K B L U E W O R L D U C R U 9 B S 3 C
C P W H Y W W L L T 3 Y N H A 3 9 D E T I N U N
D O C M M 3 T T H E A V I A T I O N C K O F O C
S 9 O E R Y 9 G A Y K E B E G O K A R H A C I R
D H Y V O U P 3 E M M T O D S L T P O H T L S U
A L L H B F A I M V E D O U K C 3 C E 3 P E V V
T A S O R K L I A N O L L R H I K S P L U L B M
F N E G A P R B G O D L I M K V R H L O 9 I P C
P I M K H S G C M T Y L E A P M C I K 9 T 3 U P
L M K N L S R P T A T I N L W T C R A F N F D V
R R H O R E N O U T F K Y B H 9 R L L N G L N V
A E E R A T T H W Y O S 3 G M W F I P 9 O D T S
U T O A E D G U O I T H I W T N G M K K C C A R
Y E D B P N F U B L G L E 9 W H V S K W P A F K
N H M D O C C K 9 3 F M N W T C L B L C Y V 3 W
9 T R E D A I I T B M C P P O E M A I S N T M N
U A T R N 9 F N A R D G L O O 9 T S 9 U K R I G
I Y I E L S B 3 I R 3 A Y S T L D P Y S G 9 V M
P R S H V I 3 L R O N W B W G S I P N O U R T E
3 L V T I K R G B C H Y S Y S V N 3 9 T B V Y S
R I A E H T N I P U C H G Y O I K O I B V Y E K
F D D E C N F F G K S N N N L B Y K N M M Y L G
O N T U O P L P P L O D W E 3 Y F U 9 D E 9 W F
```

Con Air   Catch Me If You Can   The Red Baron   Pearl Harbor   Dark Blue World

The Aviation   Flyboys   United 93   Amelia   Flight   The Terminal   Sully

Non-Stop   Flightplan   Up in the Air

PUZZLE #7

International Airports 1

```
C M P U N S I N G A P O R E C H A N G I A L D R
B A Q F E C W K O V K F D T B B L K F D M I G H
E D D M R H G B G Z U A N O B Y K M U S S S G F
I R F Z H A P T W Q Y R L A J N V X U X T T I R
J I A W S R R E E B K C U O W O Y V Z E E A Y A
I D X Z B L R T T H R N F P J O A Y U M R N K N
N B R B F E F V O A Q F W W Y R F O L L D B W K
G A P V M S X S O K O K A Q N V Y V T E A U S F
C R V N H D G R H G Y F P A S M B L U T M L U U
A A X I K E K N G I N O B E P Z I I K R A A S R
P J M S V G B W O Y L H H S I H I U P O I I N T
I A X W N A K P Q D U E E A D C S Z S P R R H A
T S S Z U U T G Y M U H B N N E M B K R P P K I
A A I V J L F Z I F W P A F D E Q B M I O O K R
L I J H J L M A R H Y G I W M U D S F A R R M P
A R J N B E I I R Y A A G A R B K A L I T T B O
I P O Y C R G H N R J F I B H D P E Y A S B T R
R O E I P J P A I G J G J D X G A I X B C C P T
P R G O O A G D S Q W U Q W E C N L E U H E G G
O T R O E E N H S J P J P I R Q E A V D I A H F
R T T Y C I M H Y Y Q P F D O O G K H H P Q M P
T E V O Y F C O H X H K Z K W B L L H S H Q Y V
M K P C B G Z R G C O O I D N K V P Y C O K U Y
T L O N D O N H E A T H R O W W Q Q S B L N H F
```

Istanbul Airport   Madrid Barajas Airport   Suvarnabhumi Airport   Indira Gandhi

Frankfurt Airport   Amsterdam Airport Schiphol   Charles de Gaulle

Shanghai Pudong   London Heathrow   Dubai Airport   Beijing Capital Airport

Tokyo Haneda   Singapore Changi

PUZZLE #8

International Airports 2

```
V Z Z K M O S C O W S H E R E M E T Y E V O S Y
Y H - W T K H O S N L E X - O I I L O M D E I G
Y E - C A D D - X L I K - G F N H O X C B L R I
X B V U R E B I M A G C X A U K I K I O X A S A
N B U D A P E S T F E R E N C L I S Z T D Y E D
O M O A L H T L C K Z F G A T M R N V H L O E N
R J O B J E O R X N C O E X I N U K C F A G W A
X B J A R L I L O F I E L M O R G K I F E A O L
O P L R K Z V F T P A P B I K W P J P Y U N O R
N W K E O C H M N R R T O H O R M O P U Y R S A
I B S D D Y W E O A D I I H S D I U R N V I A M
C B P Y T N P K F J T M A R C M T U U T D A G L
I - H H T A I U R J N S S I A W C X D V U R U O
M V Z I T T I F M I V W X P A N A B X O F T R H
U W S H R B - W G N U B W A E B O S F A C N R K
I X E D J V O A A R Z - A F F H I Y R A K E A C
F L X N S R D M S N U T X P H I J O K A I C M O
- B S A G S P L R O T O S R L O L N N O W C G T
E S L G A S - S E O R A B P H P G A V U T C O S
M Z - V R - C X W G I E O M R P L E H S L J O M
O J X I N W O V - C N O P Y E Z G U Y L J Z L J
R R K J N N B J G O E M F T U X Y I - O N D A B
C R I A T C I I H L J P E - S A U E Y W F S M R
O D S R I J V D A O W M E F J K N L N X - U P D
```

Luxembourg Findel   Sir Seewoosagur Ramgoolam   Nice Airport   Warsaw Chopin

Halifax Stanfield   Budapest Ferenc Liszt   Noi Bai Airport   Rome–Fiumicino

Stockholm Arlanda   Rajiv Gandhi Hyderabad   Moscow Sheremetyevo

Taiwan Taoyuan   Tokyo Narita   Centrair Nagoya

PUZZLE #9

Flight Deck Positions

```
T R O T A R E P O R O S N E S E N R O B R I A Z
I V O X L S C S I Z L V K F E J Z F N C B R Z K
E Y S F T Z A W J A O V U W N K Q M T X Q S I Q
V U E I R K B E H S R I K G N C I Z B A K S C E
Z H C R E C I V L Q G M D F Z X P X J B E Z S V
N R O S T Q N K P A D C I L X D X C V S K D E S
R E N T S T S Z G P A T W I Y T I V L H Y O N T
F C D O A E E Z Z P R C H G W Q Y J B T X U G R
Q I O F M P R E T R W T J H F N A D V P C W E F
S F F F D F V A C Q R C S T Y Z B R B R P Q L E
T F F I A H I R E K R I K E I Y Z E R X I I L M
B O I C O N C F C U E D Z N F L A J J T G A T F
K D C E L M E J P M T E W G S L V K C H P V W H
V R E R L Y S K V C N M C I O N G Z T U W V U W
W I R Q H Q D Y J O J T C N N G G A A E R N U D
K H K W H F I N D N I H J E U A T Y R R B N F H
H T V P B C R K Y L T G R E R T K C P H P U T A
M K B Y M U E I W L Z I A R E D F X F C L H X N
A W U E G N C L H N Y L Z N W E L N N Y K E E W
P N O I U D T E Z N F F D N I Z I A F U A X N X
D V E Z C P O J N M C A A L J Y D V O J Q O P K
L G H Z M I R Y W W N V E O R T P I D B E I V Z
X A T M S H G E H T A R A D I O O P E R A T O R
V X L P R P B M T D H R O T A G I V A N B K R W
```

Loadmaster   Flight medic   Flight attendant   Cabin Services Director

Radio Operator   Navigator   Airborne Sensor Operator   Flight Engineer

Relief Crew   Third officer   Second officer   First officer   Captain

PUZZLE #10

Military Aircraft

```
R W O L D I W D B M Q N F R O J G H T W L S Z S
E A Q M L H R I P K J A Q N H B P R Q A J N H S
C U M U B J N U G V Q U L P F J A H A E L I R Q
O V L L U C W Y G O D Q B I V I C Y X W A E R D
N U I T Q M V C G X B G G O N Y K P Y C B J J A
N Z A I T H W P T C H H C I G R F U M M I L C K
A N I R I Q N B U C T O N C U U M O O R N K P G
I R S O X R P R R E D G W G G G U B M I J X U K
S E O L E O N Y R N A E R C G Z K X J W Q O R N
S C N E U B A S J I F T N M I L Y X S L V H G Q
A T A C B H B I R E T S Y W R L H I L K H B Z L
N B I O Q Q Y C Y Y B K N A G O B I I Z I X P Z
C B R M P D R T R A N S P O R T A I R C R A F T
E O C B I A V L V F D B P C R Z Q G U S C B B T
A B R A F S B Y L K O U F J W C L J G G R N E I
I E A T V W B Z R N C K W X C O P D P X B F M A
R A F A O P T R E P S L O Z A L V V G L D A N V
C Y T I Z B Z W S E A I G D L D R T O U U I Y Z
R N X R Y L T U F M P D Z S C O W Z Z I E V E C
A A F C Q H Y H E L Z O E I K Y V F N H P K R F
F G J R T F A R C R I A L A T N E M I R E P X E
T P M A R I T I M E P A T R O L A I R C R A F T
I J T F A R C R I A K C A T T A D N U O R G I N
N A D T P U A O Q L Y X T S Y A D J N X X P X O
```

Transport aircraft   Training aircraft   Reconnaissance aircraft

Multirole combat aircraft   Maritime Patrol Aircraft   Liaison aircraft

Ground-attack aircraft   Fighters   Experimental aircraft   Bombers

PUZZLE #11

Aircraft Parts 1

```
I U D M P H B G Z I X T O B E Z A O C K J V A Z
H A Y N P C L R S U D Y A N R J W N F I Y N I I
J Q A B L W O C B K V U Y S X S I X E E O P L Y
W P S D K I I S J D E K S I J L D Z Y A C K E M
M B X V Z Z F R O N M A C D O S B N D W S X R U
N V G R E Z I L I B A T S L A C I T R E V B O C
N A U D E W U K R U C E N R U W D O Y K R H N E
Z F H Y F K H W H A D G A D X L D I P A J Q I F
A D W J E N S Q L L C A O R G L U E B F I A P L
B A T M I R T Y B R Q L Y X X W Q L U V C P Y U
J K V L E U M E E F J E S F E B P W I N D O K N
Q N X T I M V B Z L A S M G E U E G F R Z M Y V
M R X L K F P S C U P U P Y N C L P A T L O Q Z
O D U A A R H E P K J F K T X I J Y Z F W Z T L
D Q G I W W C R N U G R D U J K W R F Z R B O C
J Q C D N F G D J N N E O F F P F K E G K J C T
E F X A K Q G K E L A R E L I O P S F H G V X B
R F K E K A C O H M Z G Z N I T A L S B X B F S
P G X R V D D F K C T G E V S W Z U O N W L H H
A X B R F N U M K Q H V X P E H A S H J A L F X
T X B T E W Z G S V Y W V G L N V H G P C B R M
X A K O I L H W Q U J Q C E M G F A G X E G B E
R S U P I N L F L Y T K B M F V W A H Q D K R D
H Y E Y R E Z I L I B A T S L A T N O Z I R O H
```

Spoiler   Slat   Flap   Trim tab   Aileron   Horizontal stabilizer   Vertical stabilizer

Wings   Empennage   Fuselage

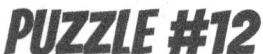

Aircraft Parts 2

```
G I Z E I D F B K U A P W B H R D P E H Q R Z K
S K Y K F J E B S X I Q R M J H G I P G I O C F
E K G F J O M I B O R E R O P K N Z Y D A Y L Y
G R M I D A A U M Y F R Y O T V Y M I N M F R E
B P V T S Y G K B P R G J Q T O D L Z F B O Z O
B Q D J I A D P D C A M M C V A R R R Q O W H M
U D S D U T C R B E M I F T M U V F S R W H Y K
N N E D W L I K L E E A T K L D S E A S A U D G
T I X Z S T V F F Y D B J S J F D G L K Z J R S
T L X D J T I G X K P Z V K R B C H P E P M A X
M E G G B D A Y N B C A B K H E N L R A L J U R
L N A E A I N T K L Y O X Z N U A Z O P R Q L J
D I L H P C D A X E I Z C I U L T Q P G C H I X
R G R Y I E L Q U T Y M G K A P T T E V U Y C N
Q N I C E Y R K F I V N M N P A S U L W I X R L
J E P Q K E W E J S E Y D R A I C R L B U C D K
I T Y V F Y V R D N T I R G Q Y T B E W L S Z E
L E Q E U U P I O D N Q H K R V X O R W K Z P K
H J O W M C M T S G U D I N C S N P Y Y G C V Q
N I H D G C S V G M Y R C Q H S E R G P T N T N
A J A W J I M E J S Q V M E J Y A O O I P I G U
H O F B P Q A X O K Q X P Q H D P P B R P B I I
O R J Y N R F G G U R V Y J S J F K Y R X S V W
F Y T V P W D Z J M S O J F V Q Y F V B R X T L
```

Elevator   Rudder   Rotor   Airframe   Hydraulic   Cockpit   Landing gear

TurboProp   Jet engine   Piston engine   Propeller

PUZZLE #13

US WWII Aircraft 1

```
A S G E K I R H S 2 1 A S S I T R U C Y F E F R
A A I R S P E E D O X F O R D M 4 3 S N H 3 E V
T M X M 9 A 0 A E R O N C A L 3 0 T O B W N B E
I O O P U X E I K N T D Y 4 W P R S R C N 2 V G
H T W Y M H A 9 I S E 3 S D B 3 D I T U 2 S B U
C 4 E 0 9 R F P W 4 O G P Y M U S 3 G E O C O 2
I 3 M L W T F 9 0 L I 4 U C H T R 1 0 0 B E M
W H 4 V V 9 1 T P 4 4 P 6 9 O E 2 S E L O 1 1 A
0 B V 6 U W G D H O S S 2 L M T K 9 U U A L N R
1 E G A D L P O F 4 E A B S A I F N L 4 H O G T
T L S T O D T K L T D E 1 D G B R T 3 3 U H P I
A L H 3 4 B 9 E R E A 4 L 0 R U O 9 S S R 1 2 N
T Y 0 F B D 4 9 E U 4 I E H H N F I B F M I 6 A
F F P W H H 9 H F X H O L 4 P 3 A O K K I Y P 3
A M U P T F K I 2 C A C N A I A 0 2 I K E S E 0
R 1 2 I A C G A R A 4 4 U 9 M V C 1 G 0 0 L A B
C A T 1 O H 6 I Y 1 9 L 1 4 2 K U U V N 9 1 S A
H I K L T O A P K Y D X 0 B K T D P 4 S P R H L
C R 0 E A F 4 D 2 E F M 9 I I X U X D 0 A 2 O T
E A R 6 0 V C E F Y C N L T U L V D H T C M O I
E C X 1 Y 0 S I O 9 I 1 E 9 3 O C D 6 R W S T M
B U 0 L V S A G X M U O 6 K H L F P C 1 C U E O
2 D P T V N C N 6 U W O C U X P X K M 9 L C R R
X A P M T 6 F 2 6 U S G T E G 9 A X K 1 D H M E
```

Martin A-30 Baltimore   Lockheed A-29 Hudson   Fairchild AT-21 Gunner

Curtiss A-12 Shrike   Vultee XA-41   Bristol Beaufighter   Boulton Paul Defiant

Boeing P-26 Peashooter   Bell YFM-1 Airacuda   Beechcraft AT-10 Wichita

Airspeed Oxford   Aeronca L-3

PUZZLE #14

US WWII Aircraft 2

```
5 E R I F T I P S E N I R A M R E P U S H A 3 M
I N T E R S T A T E L 6 G R A S S H O P P E R B
I 6 2 6 4 3 9 L Y P S U 3 S Y H O O L O X K D E
L T D A I F S 6 3 B E H 3 K X O L U H 5 F I O L
3 7 R O 5 E I W X X 9 M 2 W G 3 L T 3 L 9 R U L
3 K L 6 Y S V S C 5 7 P E H 3 A W 3 3 G C H G P
G W U P N O 4 1 H N K H X 4 R L U Y A 2 F S L 6
4 E T P X O P G 3 E 5 U M E W T B D W R 5 2 A 3
D S A 7 3 G G S 7 F R 5 6 6 S P V P H P M 1 S K
F T 8 L 4 9 H 9 S F I X 5 I I T 8 W V S 7 A A I
L L F M C A E 4 D H A D P Y R D R H D 6 A S 2 N
E A G K V O 2 M N K A V T 7 G U U M G 1 3 S 6 G
E N 5 X 1 N T 1 S 3 W B L 1 5 H N 5 1 E V I I C
T D 6 M 7 A B H 9 Y U D 6 2 E E O 3 F V 3 T N O
W L Y X L M Y Y E D G Y K U Y G A 6 U H 7 R V B
I Y Y E R M O H L H T 5 R X O X O G 9 W R U A R
N S X 7 F U O O Y X C 3 R 9 R T L T L V H C D A
G A G T 5 R H T C X 8 P X I 5 3 B 2 G E 1 M E Y
S N M G P G M O 8 E D N R 3 M A P 1 O C 8 W R S
B D C 3 D G I R E D U A R A M 6 2 B N I T R A M
T E S M 8 T 7 R 8 5 F U 7 Y C 3 F R G U T G B L
1 R L O C K H E E D P 3 8 L I G H T N I N G I A
2 4 I 2 3 M P S M D L G 9 5 4 R 2 E D E N 3 3 I
R E P U B L I C P 4 3 L A N C E R S B U M L E T
```

Interstate L-6 Grasshopper   Grumman OA-9 Goose   Fleetwings BT-12

Lockheed P-38 Lightning   Martin B-26 Marauder   Supermarine Spitfire

Westland Lysander   Republic P-43 Lancer   Fisher XP-75 Eagle

Douglas A-26 Invader   Curtiss A-12 Shrike   Bell P-63 Kingcobra

PUZZLE #15

Aviation Related Books 1

```
G X G K L N B C H B V T L A E Y R S C F M M D J
O Y K E K W E S T W I T H T H E N I G H T B F D
E Z A T H E S P I R I T O F S T L O U I S T T Y
D O G J K G D X X S C L B V Y J U K M O V E D I
D X O C F P N Q J V H N V N R M E B Y H J L Z V
D N G G L O U Q S R O T A I V A E H T Q T R F B
F M W I N D S A N D S T A R S V H W U L S
A X L Y A X H R G K C A V D B T R T Y Y N K I F
T A S K P Q N C W Q X U J P E G R T Z L F U G Y
E F R U E M C M H L S Z T N Z L I K Q Z M S H D
I E V V X I D C O D E N A M E V E R I T Y T T M
S N N F F U T S T H G I R E H T A P F M R I O O
T G C J M K E M U T Y N V I T A M J T D C C F S
H U D F Q M B V U K K M W A B D S S W O W K P P
E P K S K Y F A R I N G I O Q R S C Q U H A A Y
H O O F L W R S G Q T R K S D K R H T C T N S H
U N K B J R S M O T F K P R U T O K G E J D S N
N E L Q Z Z A H M R I V E N Q O O K C E S R A Y
T S X S N E G U A L P G K Y R U F H I M A U G U
E U F D Q B D M N E A W D B O R I A S F C D E Z
R M X V E P E A G E O N Y I U D H I L K S D G K
H M C U V X Z L Y R I I A U B S E C F S K E I E
N E J T L C Q F K E U K I M I M X J G X T R X C
P R K R T Z G S J S W D O M Q T L I E V Y F E R
```

The Spirit of St. Louis   Code Name Verity   Skyfaring   Airframe   One Summer

Flight of Passage   The Aviators   Yeager   Skunk Works   Shot Down

The Right Stuff   Wind, Sand and Stars   Stick and Rudder   Fate Is the Hunter

West with the Night

PUZZLE #16

Aviation Related Books 2

```
L Y T O L I P R E T H G I F W W E U N R A N B V
F T N M R I X I W A D F U S Y N I H U J U W Q Y
R H M D L A I T N E D I F N O C T I P K C O C Y
E G W B L T A Y J B I L J B O C H O G D R O I I
D I W Y K S E H T R O F H C A E R U Z T R A S M
U L P D X M A S T E R S O F T H E A I R G U U Q
R F G Z V W G N A J X K H Y F W E F L C T K B D
T T R N T Y A N V Q O R W R M M N D O H K F R Y
N H U U D A T R I A K M W A I W H T O W M R I G
I G D S Q L E X R S I G K P H Y J H M V P G A R
E I P E D G L K B F I I O R E N G J S P E W S V
H N W H K D P A U E S R D E F R E X I A P E U F
T F A T P S Z V C M K P S L M Q C K W K W G S J
F I G G R K F T W R Z L Y U I W R Y C E X P R P
O Y I N D C G A S M E G U Q I J I O L I K U E N
T O F I U R P F A Q I H V X M R L I W I H I V T
H B T L E L M A Z R S A G S T D A S H R M C G B
G I O C J V M C L D L G F I D O I T T M A D N Z
I V F R Z E O S G Z E W L J H X U T T G T W I V
L Z W I N L V L Z C S S Y S M A O A A I C Y E H
F Z I C D H V X R A D R L L K I G P V V G G O W
P U N Q D Y W D K P B F G V Z M K Q I J X A B X
D W G S V F X R X T H E W I L D B L U E T V S U
J E S W I T H W I N G S L I K E E A G L E S A K
```

Reach for the Sky   Sagittarius Rising   A Gift Of Wings   Flight of the Intruder
Boeing Versus Airbus   With Wings Like Eagles   Masters of the Air   Fighter Pilot
Circling the Sun   Fly Girls   Chickenhawk   The Wild Blue   A Higher Call
Cockpit Confidential   Night Flight

PUZZLE #17

Aviation Vocabulary 1

```
R T P N J X U K X R H Z V L Y R C U O A K T Z R
P B M A E R T S R I A A V K S D X H D Y M Q T E
Z C N L R K J N N O O A E G G A Z B Z G K Z P B
R Z K R C T R E X T U I M R L T Y W Q Y O G T H
R R C Z E R H U B F N H A N O I Z E M Y L U D X
L E W L G T M A Q Z E F U Y A D D B O U L B J C
E Z R O E R I P N I R M T D M K Y E J V V T A C
J B V U E A U J L G G B O F T C T N R Y P Y E C
E I F T T M R D A Z E Q P R F V B P A E L Z M U
C A T N O R X A K H G R I Z H V V S C M S I J Z
T O T R T S E X N E H P L X B H O R W T I G F N
L O G R J X H P C C J Z O F E A E Q S F O C B X
A G G G Y C K I A W E E T C C T A B T N P H L V
U Z U H M Q S V H D T Q X L N K A Q J U J L L R
N G Q X R X C A F G P K H I G P Z K O X A F Z N
C Q N X R Y U U N Y E M M T F L K E A Q E A U O
H J J O P I U O S E A W S Z R A D A R H A T Z S
Z C R S I I H N A K R O B S E R V A T O R Y J W
J Q Y G Y G X Q T J H W X P G N I N O O L L A B
H C M K H Q I U F M A K M H O K Z E S O E A W X
E Y T I A B B G G O R O H D U U P G M Y D H L Z
C D Q L U W Y Q L P T I P X A Y G Q T C B B Q S
O T L D C C X E N J P W D R Z M A R W C V K K S
L I V K Q N R L D F N O I T A R E L E C C A U Y
```

Radar   Observatory   Launch   Intercept   Hanger   Glider   Eject   Earhart
Ballooning   Clearance   Autopilot   Airstream   Aperture   Aerodynamic
Acceleration

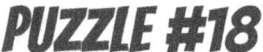

Aviation Vocabulary 2

```
Z S R D U W Q I Y L L N C L A G B C I O J Y I V
K I V C E P T P O F I U B C T D Q N R O K X W E
P G A C W I S M N F B A I Q N Q T G T M L O H Y
F N H B F E S S X Q O O R I Y A T G H M U X P B
M A C L Y B M U U G A L B T Y G V A N E H P G V
R L V N Y R S J A R S A P M R S W M C I W K D S
J P F P Z P J C E B C X A D T O S K M V Y Q T T
C R Z T B H R E Y Q E M N V G A P W Y L L L X Q
F F N M A D P O R Z T J R B Q E S A U K T R F U
L S S E X Y L E T R M M I A P F T P V R J M M S
A Q T K Q Z I O W O U F C W N B U J V E C Z E B
I C V U E L S I A J T E J N I G H G Y U Y L B L
C V U C R J D K J Z I Y T I B L E H K X C I E A
R F Z T N Y X U Z Y M P P J M Y Q H O O X G L N
E G T Z M P S X I C T S F E E M H T H B F N I I
M X C I S X M Q V Y U R T L B I F S F S R I F M
M S T U U X P F E N R Y X J R S V J C F C T T R
O L L Q P H M F A C B I B H H W L U P A R I O E
C T X E A V X O L V U E A Q C H A G F Z H O F T
V N L Z F L A E O S L X N T O R Q U E P X N F I
O X H Y B J A K H R E X P U L S I M U L A T O R
F I F E W H D A Q Z N G R B U S J T P R J F O V
R G C Z E V S T V N C A N Z K Z X P K Y Q I K I
W R V E J V W F D N E A U N T F W F I L L C S U
```

Turbulence   Torque   Prototype   Lift-off   Ignition   Flying   Commercial   Cabin

Aisle   Vapor trail   Takeoff   Simulator   Terminal   Signal   Range

PUZZLE #19

US Airplane Flight Schools

```
V C N O I T A I V A K R I K N U D L S S H O B B
P F L Y A T G O O D Y E A R A A E Q N V U X C L
U S W C Y N J O Y T K L T J E L Y P A G D A K U
I T V N U J F D K U D D I T S Z P H S K B L F F
V C Y X R J H X T S R W U Q F G X X S L A J W F
T H F J H G Q F M I Z Z O U A V I A T I O N T
M A U C O F P M O U M B V L T M X L U Y D P Z O
X R S H A E O S J Q T H V I P E N W F H O R E N
G L I S D F N E T Q M T E S E X U B L G L K S F
E E S H E A X Q X B F T E E Q O Q W Y L Z U X L
O S A O S I O Y P H L H J V H H L P E P V P T Y
X F C C A O T O O L E A I R W A Y S R C I J S I
T L N J I X O Q U K J W O P Z L X S S Y J Q L N
Q Y R J R U L Z B O U P Q S U N R J E N V W M G
G I K M C R L L J C C T Q L Q T U T G N B T V S
K N R M E H T C H E A S T O N A V I A T I O N E
Y G B B N C H A N D L E R A I R S E R V I C E R
K S X P T Z T F A R C R I A T N E D I R T B Z V
J E S Z E G K C W Y G U W T C B N H K Y Y Y J I
Z R S N R R F G E W Q G Z K I M H O C J G C W C
C V S I E A E R O S I M A V I A T I O N M Y H E
C I D N U D O Q V D E V L D B R S Y E N R L M Z
K C C V P D C O W B Y V O U F P N G F V H C V I
L E M A R A N A F L I G H T S C H O O L C D Q Q
```

Easton Aviation   Trident Aircraft   Rhoades Air Center   Bluffton Flying Service

St Charles Flying Service   Mizzou Aviation   OToole Airways   Nassau Flyers

Dunkirk Aviation   Marana Flight School   Fly At Goodyear   Aerosim Aviation

Chandler Air Service

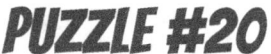

Cabin Crew Terminology

```
T V A P A X R D B O S O P Y Z O I H K P U I Z Q
H A Q U X I N L X X K Z F F C T N L Q B S L I H
P M X G V G N I F E I R B M A L N P R Z V P M B
Y A E I M R I J U F R E V O Y A L A N L C E K M
Z A C E H N L V F Y B F V M A A L T I T U D E N
A W B I Y N N U O I J O S V P L Z Y K D T O G B
X R E Z D X C L T D Y J A Q Y N L R X E O E E R
D E C O M P R E S S I O N R P V I C J K N P S G
T E G C F K W M Y A X P A N D T N F K H H V R J
A D C F I V F H E V N Y K T E I E L X D T P U N
Y M D F W P U P I K Z T F O A I N Y V R I F P U
S T B D Q U U D W J E Y S S S F D G S F Q E E X
Q K A E U R H H H I D P I C C H D J L R X Q G J
O E G A L L E Y Y T H J G L E L E V I O U X D L
I M G Z E R E Y V N Q U J P F O E R D E V L I M
U J A Y Y W J E U N A H E O E M J F E Y Y F R C
G P G P D W E K Z I O U B Z C K F Z M A N D B H
H W E L W B W B P C A V N I M G V E C G I T T S
B J F J S I U G H G K M Q D A E H D A E D H E Z
I D M X S V B D I T C H I N G L J K Z J B Q J D
N M X X S H N T G W U D K R D F P R F E C Y X Z
U F O O D T R O L L E Y A Z H O N Z M B D C S A
N Q K J W E T B V J P J V M S F Y R M W J D K A
W M G J G E C D R G I W W A R O S J Y M U X N Y
```

Decompression   Baggage   Kosher   Boarding   Ditching   Jetbridge   Taxi   Galley
Slide   Altitude   Food Trolley   Briefing   Deadhead   Layover   Purse

PUZZLE #21

Aviation Pioneers 1

```
N E L L V S T H G I R W E L L I V R O F C C P F
L C D T H G I R W R U B L I W P U H U X F H R I
V A R A L B E R T O S A N T O S D U M O N T E Q
X L A R S T N X J N A O P R T A I X H D J G G U
N L U M G H L K N Y I Y B K Z Z A R U I V T A C
Y A S K E J H M E G Y Z A Y M I O N F Z W O E M
D W Z T M L X C P S V I H Y Q B H Y I C Y I Y L
O E X K T E I A Z G S D Q S O O O S J U I V K U
S N Q V Z L N A Z R V I C K O N B B C J O Z C I
S A L I I P A M E O G F S U V Y D P H V A R U Q
M W E H L U G V N A D U H F X K V U C O E Y H N
Z D E S J V S G Y D R B B E P S F C W T O N C J
K C O S F J X X U X Y H T B O R C U X J M V H W
T H R I P X T M V P Y D A G P O B S F Y W W E U
S A L G U O D D L A N O D R R K F B T P T C L R
G E V O S E T Q W S U S N X T I P R S M A V D K
Y U O U O U M M D G R W I Y V S E G R C X Q L H
W M V K U P W Z R J L G F D N R C Q C G O J I E
N E I L A R M S T R O N G Y O O O I H S P W A D
L P D T B C J K F W Q I E C O G F V Q A U C A V
J I M M Y D O O L I T T L E E I B V V A S Z W T
Z T B C G Y K C H A R L E S L I N D B E R G H Q
D L V T M M S A J P Z C S O J J S P P A F P R N
Q D N J O X I M Y N Z E R E B O P L U A P J A A
```

Igor Sikorsky   Dwane Wallace   Bob Hoover   Amelia Earhart
Alberto Santos-Dumont   Donald Douglas   Jimmy Doolittle   Chuck Yeager
Paul Poberezny   Charles Lindbergh   Orville Wright   Wilbur Wright   Neil Armstrong

PUZZLE #22

Aviation Pioneers 2

```
N B B U G W N Y I P C R A E L L L I B L P É C W
R C E R J T F E B L L O Y D S T E A R M A N C U
W D S E C N S J V G E Y D L K Y M I E L V O Í C
Í C S P N N P B M S E B G É K N Í V N E N G L E
U T I I B K C O I N N A G J F R L V P B F É P H
N Í E P P O P H O I T U G G L T P H D E M T C C
W C C M F V É O R T L N R F L É B U J E R Y L S
M U O A M E M W V Í A F F G E E K M N C E O A E
K N L I R L D R C O H Í R Í N D É T F N É H R I
R B E L A Í R E N T T D E H K A A G C É F B E W
U P M L O R O V W Y N A I J C D V I C V H B N E
P W A I G P W L D N E L E S E U A K W A Y U C G
G G N W T I B É D C I E M R O U N Í C U V J E N
M Í I T E O T É G N L K P E U V W B A I C H J A
A I U Y T Í R K I H I L A É P H S K Y G D Í O L
H M E P B U W Í U I L A L É C N B S K I A E H G
E A Y F C P R L C É O P K Í R Y A I U R Y G N N
V N A T U R T R U B T M N T E I T W É D G Í S A
S V P É H M N M Í P T E A K W M A G A V B J O G
R U T L I P N B H Y O I L I S W Y H L K W L N F
Í É J H F D C D Y M R E A N Y W É F N V S O E L
P U R C É M H T T W S R A K G L O G Y H K L M O
A G B J A R E L I U G A N Í R A M O G E I D Y W
I I H C S T L E U E E L T R E B L A V P H M P V
```

Lloyd Stearman   Clarence Johnson   Diego Marín Aguilera   Clément Ader

Dick VanGrunsven   Wolfgang Langewiesche   Al Mooney   Otto Lilienthal

Burt Rutan   Dale Klapmeier   Alan Klapmeier   William Piper   Bill Lear

Bessie Coleman   Albert Lee Ueltschi

PUZZLE #23

Celebrities Who Are Pilots

```
T O M C R U I S E T J I T I R Y J U J C I F H Y
V U P R M Q E K U T D T O E M G T O I Y U C Q L
Y M I S X O K C L D Z R D G U C H B P M K D W D
N E S D C K R A A A S T O Q B N G O G Y A S Z H
P O V O L I P G K Q T I V F T J D R I F D B D L
L O W M I M F K A X U O K R N I Q Z I K I E E T
B Y E T N Y R U C N C M A C E O S I B K P P N N
E B W R T Z Y E W I F V M R X G S X W D U W N W
O N N X E C Q O N J O R K J P R P I B L Z H I U
A K V X A O E K V L Y S E R X M T P R J W J S Q
J R E S S E F K T S B N U E I Y X Y K R G X Q O
A V H T T D P A H E O W Y J M K L M J V A Q U W
Q V T F W W B O N J B T E A A A P W T J B H A A
O L O A O M B T A R D R C M F S N W D V U D I U
F M B Q O A L E Y L X K N A W S Y R A L I H D V
D M W Z D E R H A Y O D U U P H U E A B G R G U
N R Y S Y Z B E G G U I N T Y H J J D Z E V Y A
R V P D C X W A R G C M L I H P U C L T I B P O
I U U G I S E L E B U N D C H E N M V E B Q P H
A F E N D B N L I A E K Y G C Z V K V F F X N J
O Z P I U K I L K Q O T I M M C G R A W I O V G
Q D M P A N G E L I N A J O L I E Q N V C M Z D
K D D Y P K U R T R U S S E L L E Y U J K F H T
C L V I H S U B W E G R O E G L F H Y T A G Y T
```

George W. Bush   Hilary Swank   Gisele Bundchen   Dennis Quaid   Phil McGraw

Tom Cruise   Morgan Freeman   John Travolta   Kurt Russell   Clint Eastwood

Harrison Ford   Tim McGraw   Dierks Bentley   Angelina Jolie

PUZZLE #24

Flight Simulation Video Games 1

```
A E H O O Q X W O R S V A Q M V Q Q P F A O R M
C C C C N T P I M E L G S Y V S Z K V H F Z K L
R R G V D V F H O E M X X U W P E N Q L V E R P
O O F O G O B J N J X S T A I E R I G B D A F S
V F L X X O R R R K I S Q U D C I O V B Q U K U
V E X S O Q D P E Q M P N X R P H A P X G W B U
T D T G E T U Q F N V G G X R P X W V C T V F W
H A J N N W K U N N R D N V H P X D D U Y W E Z
G L T I I U X B I N A U I W I E D M N B R C F C
I B O W L P T I R T E I B E P Q X G A Z S B L Y
L S M T R D R V I L Z P V R V P F A L W R U K E
F O X O I N K A A L A C U Q E J F M S D K W D O
E S H L A O F Z C L Y E T A U T C G I N L A Y A
T X L I L O B E D V W A R R W S F B G A C E G O
I U I P A O B T V F A A F O F Y Z A N L I S V N
N E M R U R R D Z D T F I H W K D P I S J X C A
I I O E T K O L T Q B T I R P I O U W I Y E C O
F V K Y R C P C V E Q W X K D S N Z C T B D U T
N L O A I O I I B O N A M A P I U G P N K O X U
I T Z G V V U X B Y S H S S U U V H S U I H O C
C E C A R R I A O V A R B O I Q R E H T V C H S
C N G C W M V R A E G T H G I L F D R S M B Z F
J O K Z K F R E E D O M W I N G S R Q U S L L E
D G A B X I T B V Q X B Z S N J K I X X X I I K
```

Prop Cycle   Pilotwings   Wing Island   Virtual Airline   Infinite Flight
Bravo Air Race   Stunt Island   Blade Force   Freedom Wings   FlightGear
Air Inferno   Air Diver   After Burner   AeroWings

PUZZLE #25

Flight Simulation Video Games 2

```
H A D V W G 1 F L K M H L U O F R O M S M D I T
C R M E L N P S O N U I T W P T L G G O M S O I
F V P E U G O 1 O R A L H O K R E Y L R E U A G
D D Y O C I F F O M K A V S W A D K K Y I P M I
T D C K P 1 D L R T A D F F V M H S M Y D E E I
R U H I H S G I C C I W 1 M F T K E L K E R G A
O I C N 1 P A G W F 1 H S M F I D M T M T A A G
S 1 K L Y I M H L A U A Y P E A F V L V I I F O
E R U A R R S T A W U T A N C 1 Y G R H M R O C
R Y G N L E I S A R I A I A T L Y P 1 K I D R E
S P Y Y A O O I T R 1 A T S M Y D R F 1 L I T 1
G K D K V P P M K 1 U O I T T N R U T W N V R E
N L Y U A O M U G F L V G R F U K 1 Y P U E E T
I L C N C T T L V I U A E P C C L I E Y T R S G
W U E Y R A P A P U T K 1 1 U O V O M U H E S C
T 1 U S I 1 E T W I S T K T F R N E M O G H F M
O P 1 Y A E K O W L M S A P H Y S T P W I F E A
L D W C 1 G C R V N I E N 1 H Y E U R T L U O P
I G K P C U R S V L H O A H E D K T I O F H R R
P T F I R D Y K S H H O S C T A S G I T L H O N
M U C W W P L P H F G S V T F C C U U U V C P G
V R A M N M R Y S 1 L H W P R P E D K I L T G R
M S Y S H F R M U U Y V P E W S E Y I N L N A A
S K Y O D Y S S E Y I A F T O H 1 I E L E I S K
```

Pursuit   Air Mail   FS1 Flight Simulator   Pilotwings Resort   Megafortress
Pilot Academy   Super Air Diver   SkyDrift   Sky Odyssey   Flight Unlimited
Air Cavalry   Air Control

PUZZLE #26

Songs About Flying 1

```
Z Y T K K I B E L I E V E I C A N F L Y C M W T
T P H C R Z T D E L Y A W D G U F B H G Z P M I
F I Y G W Y Y K A Y E N W Q V L B B P B C B H M
L H B M J U Q N B Y V B X K C A R R Y O N Y K E
Y N Y R L T Z W P X N V S D T S V K T D K X M F
I U X T U Z X A X N A M T E K C O R Z N E K Z O
N V R F V J G Z M W E T A E R O P L A N E Z B R
G T H E Z E P H Y R S O N G E V E N W M O I P M
W P U N C H A H O L E I N T H E S K Y F T B X E
I E F Z Y F F I R S T F L I G H T H O M E B S T
T M I A L C E G A G G A B N G E N B G F D Q O O
H F T R A T M Y U E O R S B D M W C L B D G U F
O Y L Y L P O J M B H V W N F H E Y J W R K A L
U T Z E P D B S H V X U B F L T L K U M X K P Y
T Z Y E A U U U I B G Y S S G I Y E E X V X F S
W U N K N R E U R U N W P K K W L I G Q C E Z V
I N L M B S N J K N J Y W E L Y F V O D N K W I
N V N R N H Y T Z W D P A G K L O A H T G A Z M
G C Z B N Q X Q O H L N W I P F T C Z C T B B P
S J H Q P O B H A F E Y R D D K E H Z M D G Z C
Z H L Y H N I N R A L S X W Z L E H C O N V U C
B F C I Q X A M G R W Y L X I D R Q X D F R X R
B G P F U L Q L B T N P H V J H F E O T O V Z V
V D H J B Z E J O F B E Z L B E S M T B G U N N
```

Fly Like an Eagle Baggage Claim Rocket Man Fly with Me Free to Fly
First Flight Home Time for Me to Fly The Zephyr Song Punch a Hole in the Sky
Learn to Fly Carry On Flying Without Wings Aeroplane I Believe I Can Fly

PUZZLE #27

Songs About Flying 2

```
G G C T E V F W Z F U I B V M A P A Y K B T A R
O I P Y U M F H A T W W O H G I V F K P N S N U
V P M F C J L N T N U O X U V F Z X V F Y E O H
G A R Z O Q B L E V T R C L P U E R Y F M T O V
S P U N N T T T N A Y S B E U P D S A B L A M J
D E N M O B A O A H E T A U U G E G A W H T E L
A R S X K T V O L C A F I B L W U F M O B S H B
V A X R Q M K A P A J V R W Y E F R A U E R T Y
Y I I X J U H I R W B M I I D B N N I T R E O Z
K R C S G P Z L E P X H W A Q R M C T B X V T S
B P R P A K Y E P E C U Q S T L D D E O F O E K
V L E E R I J M A F D L L X W I Y U A U Q Y M Y
K A N O V T M A P D P D M L E Y O K J N G L Y P
Z N I D T L N G Z U Z A S F L P F N J D A F L I
G E L V Y K P K W E N T V S Z V V V B P T G F L
O T R R D B E H F X C O K C Q G P X U L D I T O
L X I C Z S L C Q Q W L T R G I Y J N A D E E T
Z E A Z Y L F O T G N I N R A E L Z T N C G I C
A L T W L H I U I V E P Z V R W V U O E Z Z E L
U C E W Y W Z E G N I Y L F D N A P U A D Q N D
V R J W A M Z O B E U D I B I G J E T P L A N E
Z B C A S T K P H R K A I U T S U K L Z S T R F
U H S L K H C V C V A L M N Y D M Z V N V E H U
L F A A O J L H G J P Q K N J B B G L I D B Z P
```

Turbulence   Amelia   Aviation   Learning to Fly   Jet Airliner   Lady Pilot
Outbound Plane   Paper Plane   Fly Me to the Moon   Big Jet Plane   Up and Flying
Fly Over States   Sky Pilot   Paper Airplane

PUZZLE #28

Airplane in Different Languages 1

```
Á A É Ó É É P N G A P Z V I G O K P L V V L E U
H R E E Ó K U Z E O Z Z I N Z V U A T Ó L E A I
Ó L U É Á H Z Á G A L Á P E Á N N U F A Z T G É
F A H F G L F K U I É E Z R N H N Á P O V N L A
L P L R O N N L T N K Ó É Z K U E T V O V É A G
U R E É U É Á F G L G I O L U F L É R O V A N F
G Á N A F V É R F I U Z Á L K Z E L H G E P L E
Z K T T I O H T F I U F L K R T Á É U R N U K Z
E F O U V L V V R E Á T K É N V N L E H T P V G
U Ó K Á É P A P L T I Z G L O U F O P G T R P L
G G O N O O Ó F P U V U G E O Z A V G Á F O R U
E Á N N I K É F Z É F R K T I V T É O Z K É T F
L I E P O A V Á L G Ó H E T F L N O E E E G H P
P T O N K R H E P P I L A P L U V O Z Á Ó G P V
N R I T O Z L A É F H L Á T Ó U Á P A K É I G I
H N I T F L Z Z F R E T E Z Z A G K É Z L P U É
U É O I O N Ó R V H I P N I A A N I K Z A G E H
O I Ó T V K Ó H Á O T Á F O Ó G É F R P G G O P
O N O I V A U R G O L G U O L P É R P R O T U Z
H N Z N P K É P A E E N V I F I I P L N K Z K R
Á G G I L Z V Ó H H Á Ó A R É T H G U A V I Ó N
H P N K Ó I É Á R G N V K A E H Ó G L L É É Ó E
U H N É U G G É A Ó T Ó G É P I N I G G Á P H P
U A Z V V U Z U R N V R V H G A Á R Á V V P Á Z
```

Aereo   Eitleán   Flugvél   Flugzeug   Avion   Lentokone   Lennuk   Vliegtuig
Letoun   Zrakoplov   Avió   Hegazkin

PUZZLE #29

Airplane in Different Languages 2

```
Ã V E G W Y M R O Y G O F O T V L O O I P S T Y
S P U U D D P M G R T U O E U Y T E U F J E E U
L O T Ã U G B O E L U F L A N Y W Y F U Ã L V M
L Y G W J J U I U T B B A L O A M A D E D P W L
N S E N B O Y U J E J O T N U R F P W S A I G U
I P M V D I Y A A R A D E A A T M O S R Y S W Y
W O Ã A A Y S I U S B R L A U N V U F T W M V M
W J P F P J S S Ã E I J D S Ã W Y R E I Ã P N I
J O U O L O R T R U W L Ã O J Y Y U T W L Ã Ã F
R G M O S N A U A G U L D O R D U O U M L D D J
N L L B D O A D P W Ã O O W J Y L B D D A V L R
O O A V O I Ã E G L G N R P U O U B Y I V U B O
F G R U O V O P G J A G U G M J O N O U Ã W A Y
T V W J G A W P R E U N W A S Y R I W R D T D D
G G L J G I B U R O D R S E F S J U M D I E T W
W R W R P B N V Y R A N D W J I R G I N S A M A
A B O Ã I V A M M O J B T I E O A R F L S P Y D
S M O O D F O O W U V N N W P U O F J F G V R O
Y W Y B O A U N E A N A L P G Y L F U L B L W O
J A U U Ã W Ã G I O U O V E G L R V F D I Ã E N
U N E R Y W A W S D O U M M O S A M O G N E D N
U D P N U F T Y Y V U N E F M L G L A G F B I E
W Y U G J A V E U B Y J S D N J V B U G N F W V
O O F F W G Ã Ã O L D A T E I L U U M O Y J T B
```

Ndege   Diyaarad   Lifofane   Ụgbọelu   Jirgin Sama   Awyren   Flygplan   Letalo

Lietadlo   Avion   Avião   Samolot   Ajruplan

PUZZLE #30

Airplane in Different Languages 3

```
B F C N N M A V A R M F U G V G K C N U M K K N
W K I Z Z T R D A V E R U N A M A P O R C V P G
S L Y A S D H G A H M L Z D N R P G S W I H K G
N W E I R T V I G K R T F W R Á A A R C L Z Y U
C U W Y C A T I D D M U S S E P L S C Z G Z G Z
Á G E T O V M U Y P O O K P V E T G K U Y C H N
K U K R D D O A E F T W L H T S E F Z R E K U B
H Á E P C P K E N Z C T V T R A R S W S N O S C
H H W F D E F D Z I V B G E T W B F M C D C C W
I L A B Y S G H A E D U I N Á A A P R Z I B A M
Y F B I Z A S Z F U N I T D H T N C H V Z I P W
B W G W G W Z K H D O U N O Z T G Á L V A U H C
F C W F F A V O E K Y S G A R E E V U B E A A O
N O S Z S T F V A Y V Z Y T R R Y E Á N L K K Z
L S R Z R U F H Á D A B Y L O B W M H F W P Á N
P I H Z R G F Á K R E F G P V A B Á T K I Y Á R
L S Á U A H I M O N V Á L Y A N M U G Z B A K B
W I F W I S I K I Y O A S G P G H B V E Z B T Z
R U M P S Y V R R V N P K V M W I G Á D Á Y I P
S H W O V R E M Z O P Á G P R A C Z M W T Á U L
B P G F D U K Á O A C L N O B Y Y R P F D M N I
G A S R I W L L O H B R Y R I I R R D V K E T K
E U E V B A O L I D A I V A B N R S Y N F E W V
I B Z I C Á U O P D T P Á P E Á D P B Á F P F Á
```

Máy bay   Scapha   Avyon   Aviadilo   Manureva   Kapal Terbang   Fiaramanidina

Pesawat   Pesawat Terbang   Yendiza   Ofurufu   Eroplano

PUZZLE #31

Aviation School Subjects

```
N E H Y T P F N T U B B N M F F J Q M L N W P W
B V Y L Z E F Q T N Y P I E E F S A S K J I O I
U R S A V R N S T A A Z J E J T S C X D W L H S
G N C N R F Q L Q G B E S B V S E J W V I T J E
I O Q B F O N M B E L D Z Y A T G O F C M C T C
Z I B O D R E E D N L K D N M I D F R V Y F W G
S T X C N M D D X E W J D T D R N L A O G P T I
N A A J F A I L T R V B I P Y F D W U N L E I Q
O G T U P N N H X A A K C J E D J B E D N O X B
I I F F W C L Q I L N V C B W B U V C L K B G Y
T V U U Z E U H A N N T H L M P Y Z E E J G I Y
A A C Q K F B N Z A D G P X E E A P L M T U K G
C N M Q O Q C W Q V O X B L K K V I M W Q G W Z
I O F O P E R A T I O N A L P R O C E D U R E S
N I D P A D K G P G C S T R N Q M E U T A A K F
U D M S F H Z A E A L O H E X N E W A L T J E L
M A R H X P A V Q T W J Z X R E R H E I H U E N
M R X Z C H Y J Q I Y C Z S C J D G R I R P N B
O B J C I L Z D L O G D U X I I V Q A S O L D H
C T Z Y X E S R L N K C G O E R W Y A V M V A C
B A B I C D Z X F Z Z V B J P G W K M G K M K W
Z L W P R I N C I P L E S O F F L I G H T Q J I
M G M R N O O I F L I K V S I V L V F O I O N O
A I R C R A F T G E N E R A L K N O W L E D G E
```

Operational Procedures   Communications   Mass and Balance   Principles of Flight

Meteorology   Aircraft General Knowledge   Performance   Radio Navigation

General Navigation   Air Law

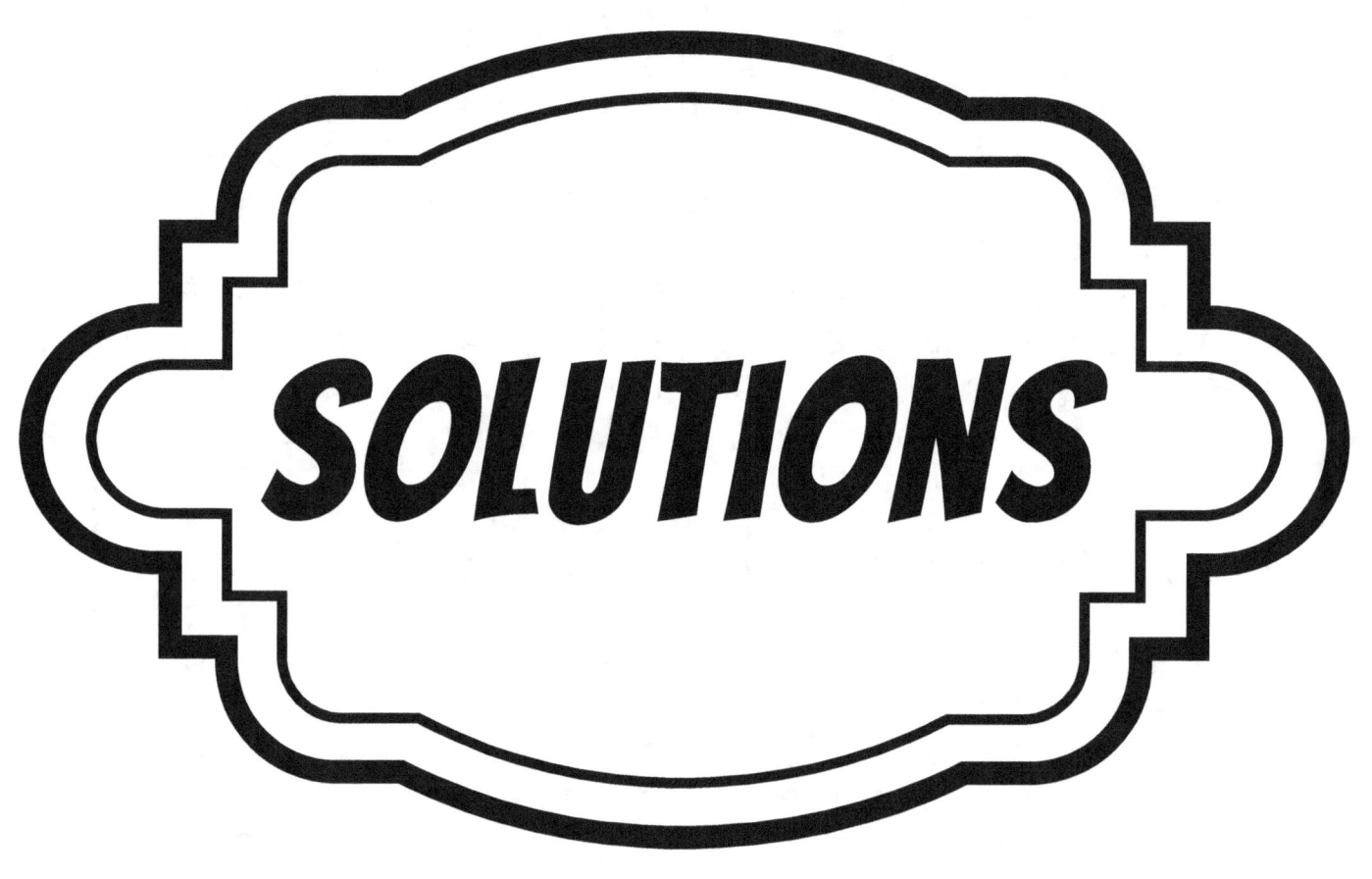

US Airlines

PUZZLE #1

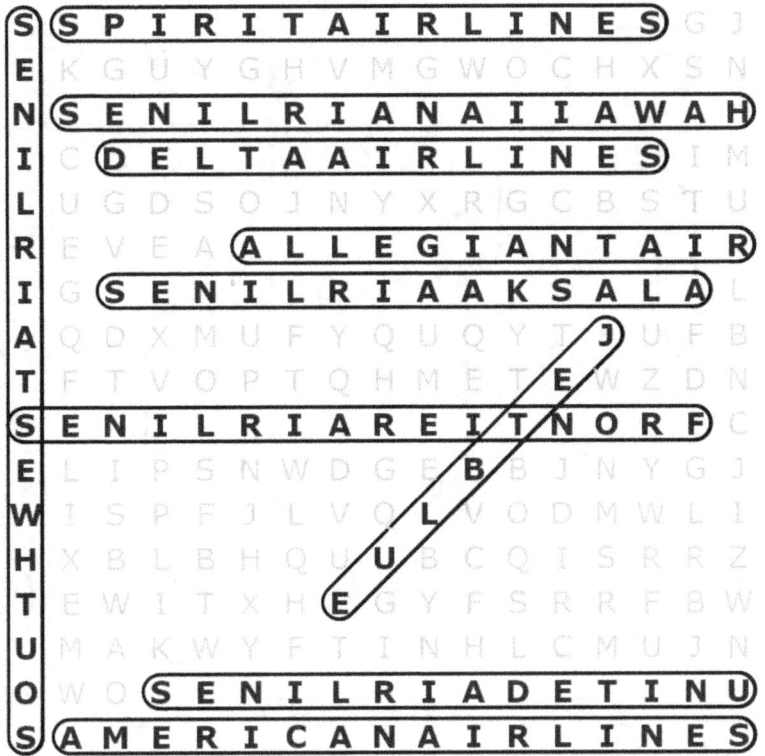

Major International Airlines

PUZZLE #2

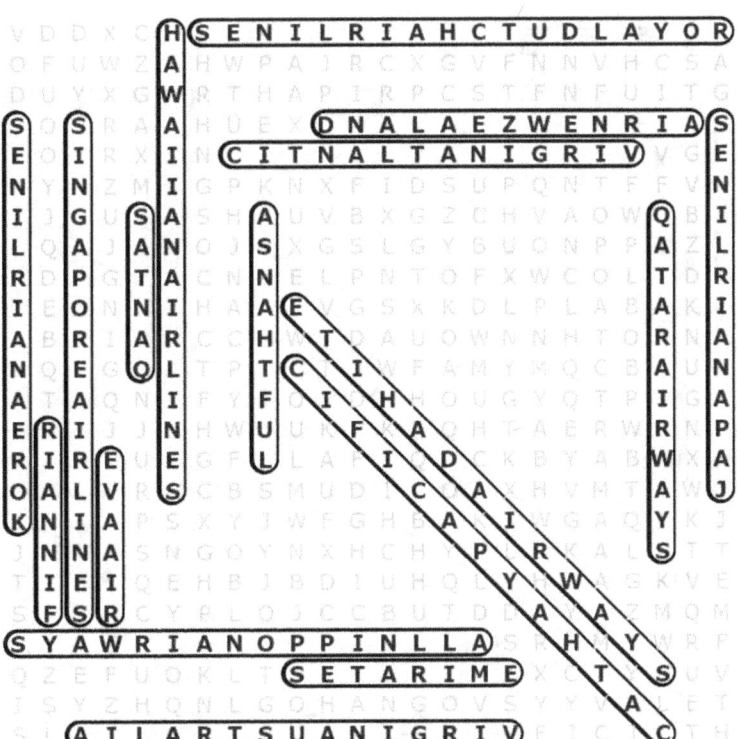

PUZZLE #3

US Airports 1

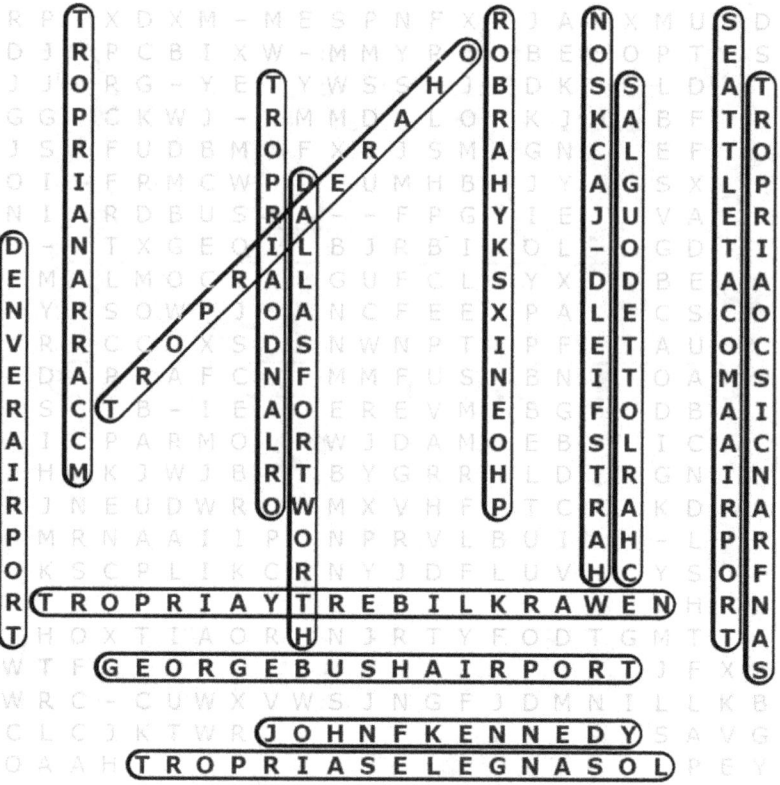

PUZZLE #4

US Airports 2

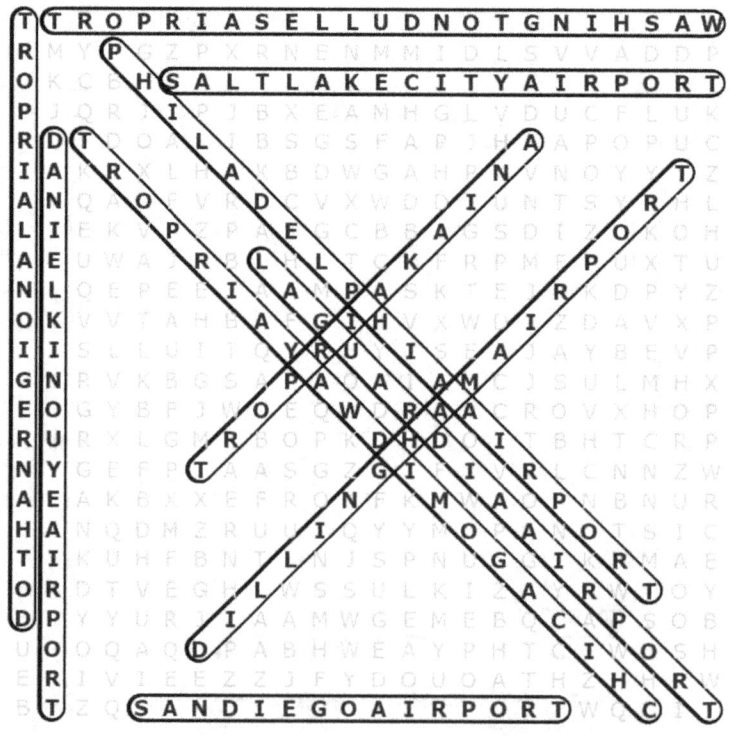

PUZZLE #5

Aviation Movies 1

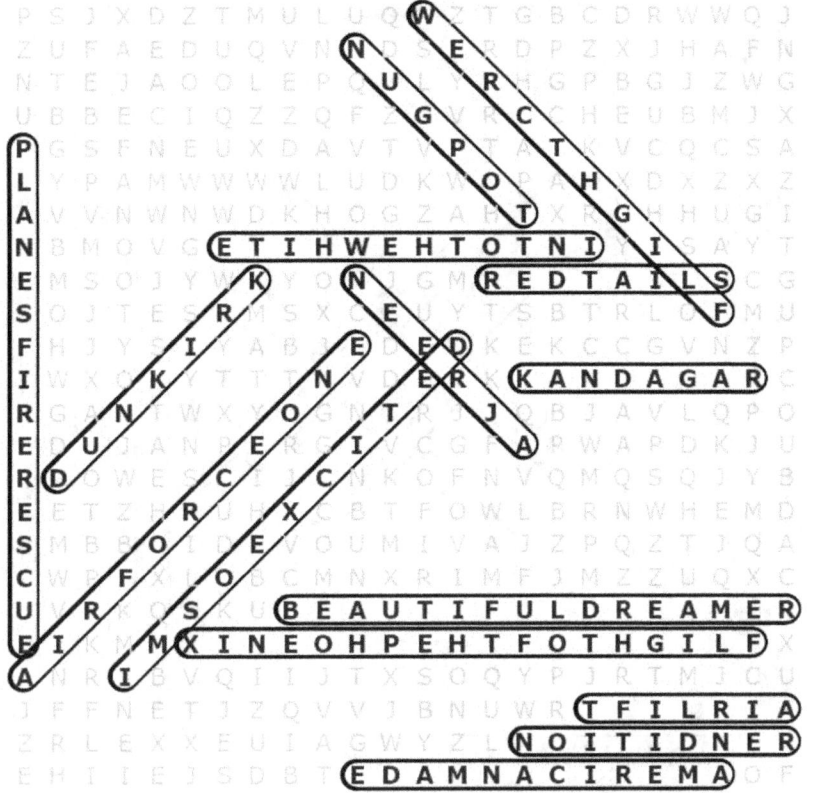

PUZZLE #6

Aviation Movies 2

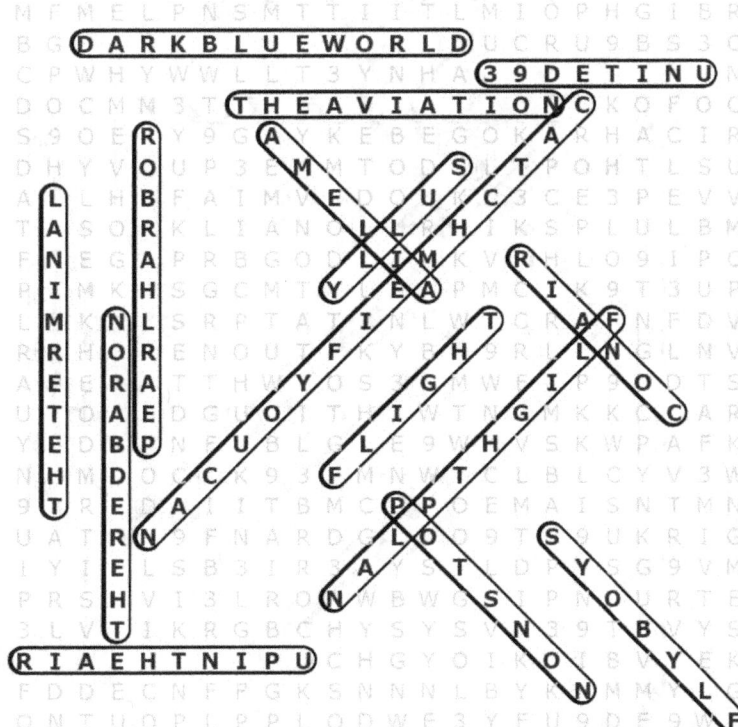

PUZZLE #7

International Airports 1

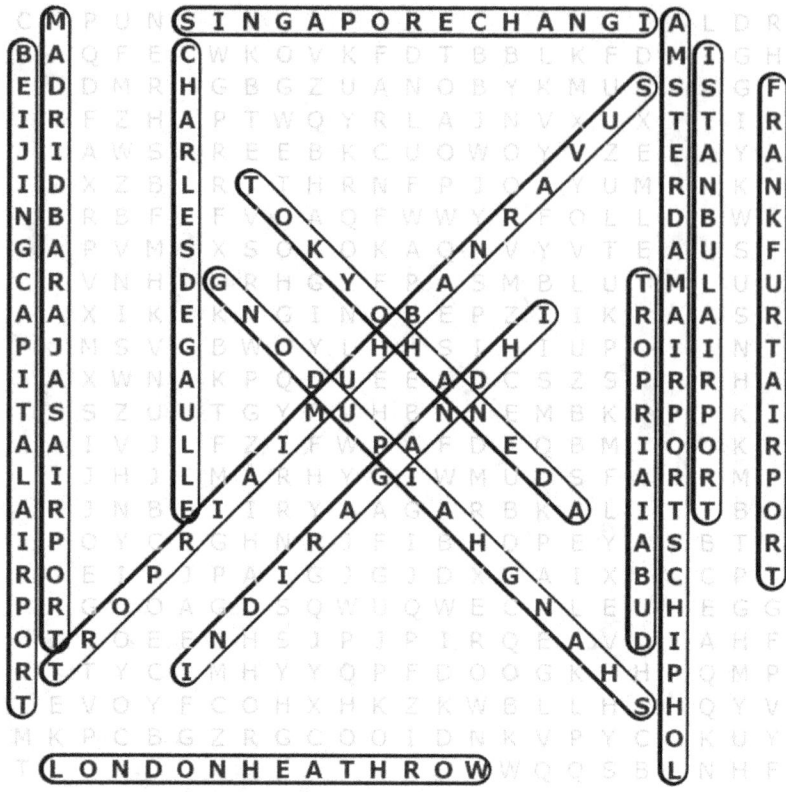

PUZZLE #8

International Airports 2

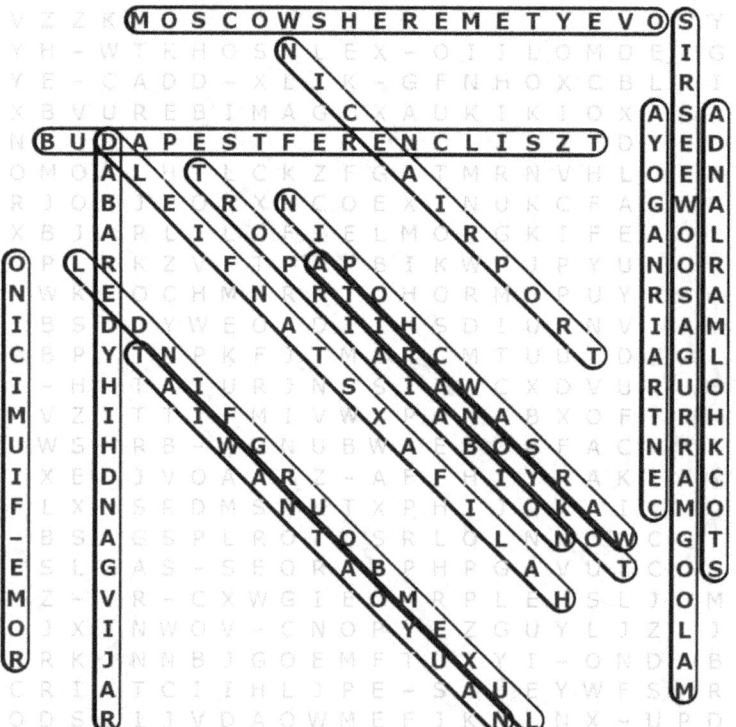

Puzzle #9

Flight Deck Positions

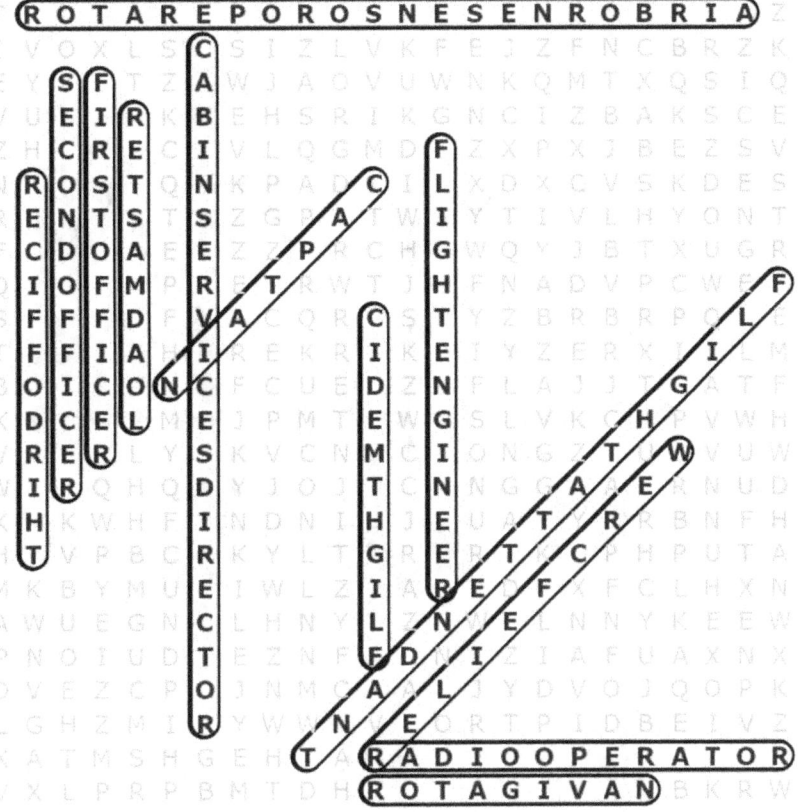

Puzzle #10

Military Aircraft

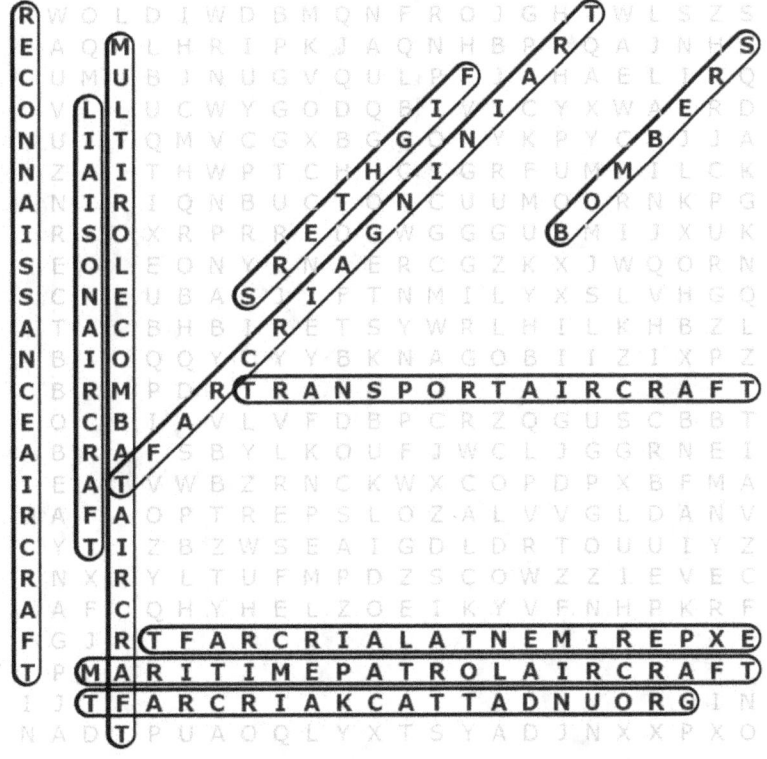

PUZZLE #11

Aircraft Parts 1

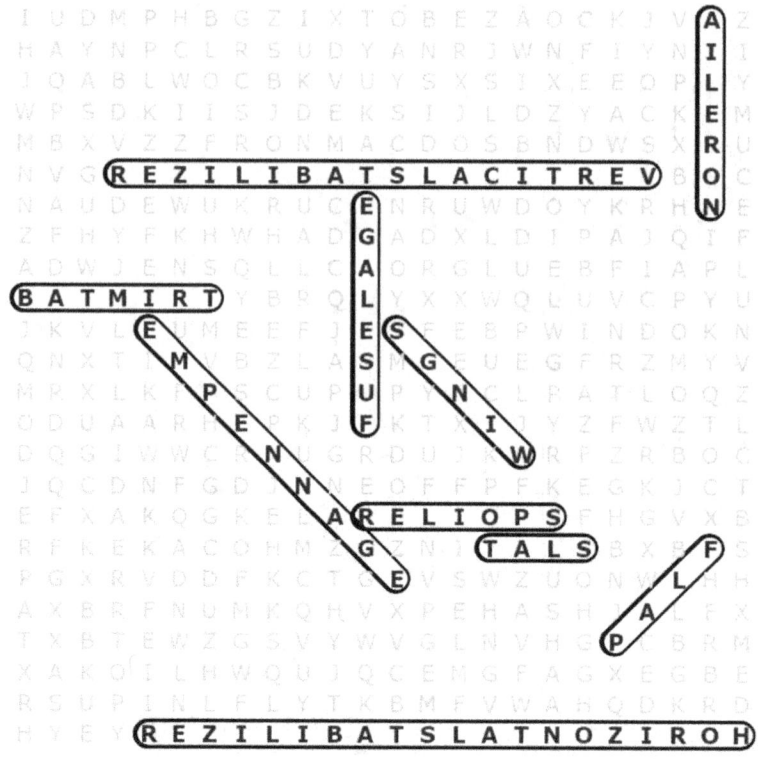

PUZZLE #12

Aircraft Parts 2

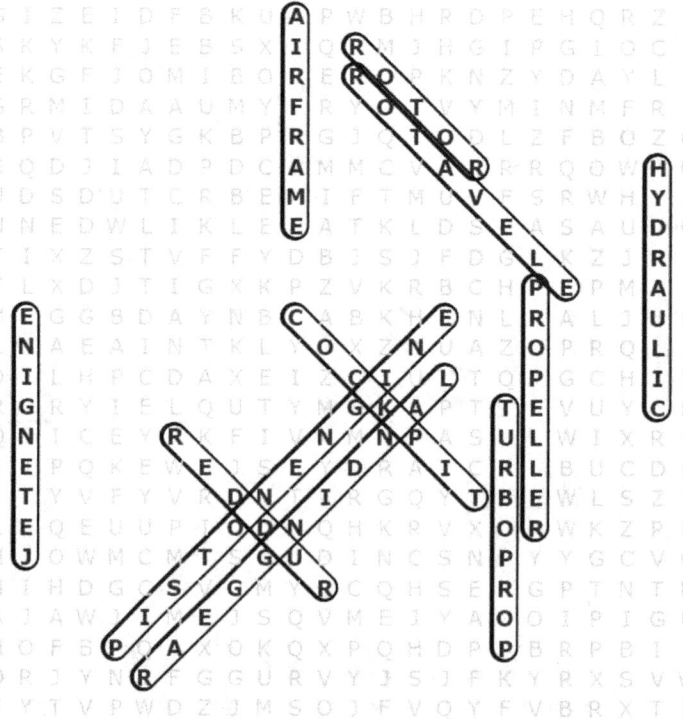

PUZZLE #13

US WWII Aircraft 1

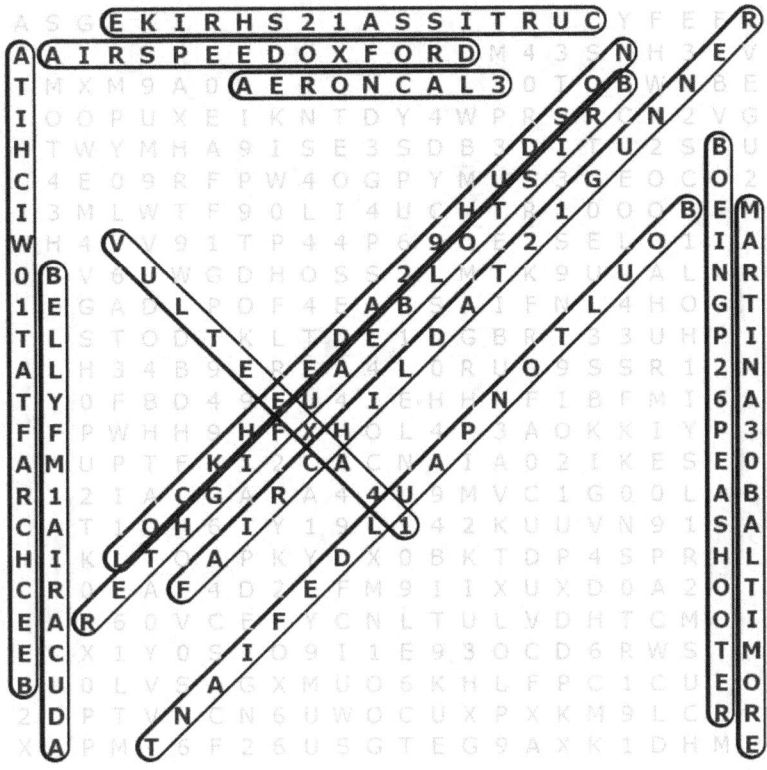

PUZZLE #14

US WWII Aircraft 2

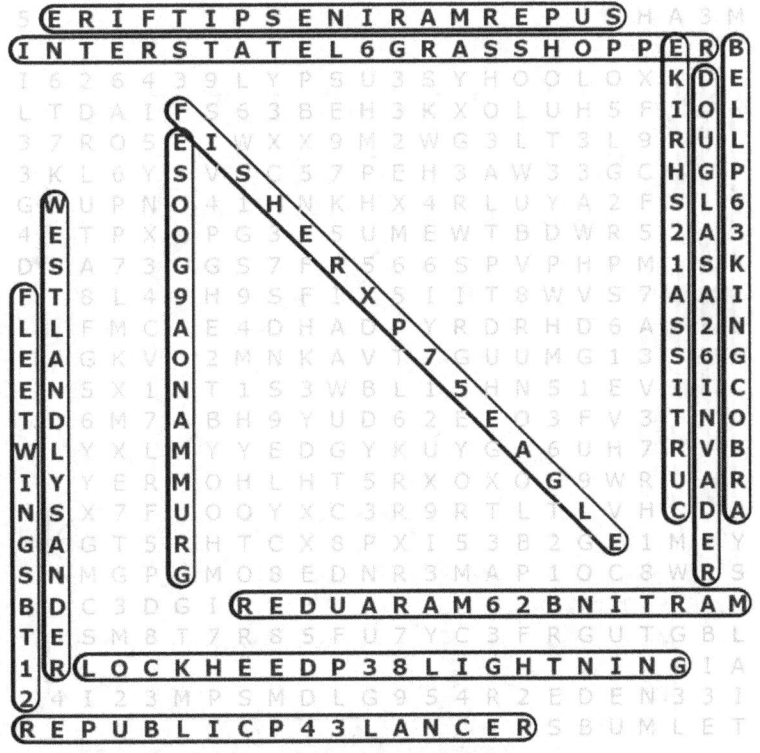

PUZZLE #15

Aviation Related Books 1

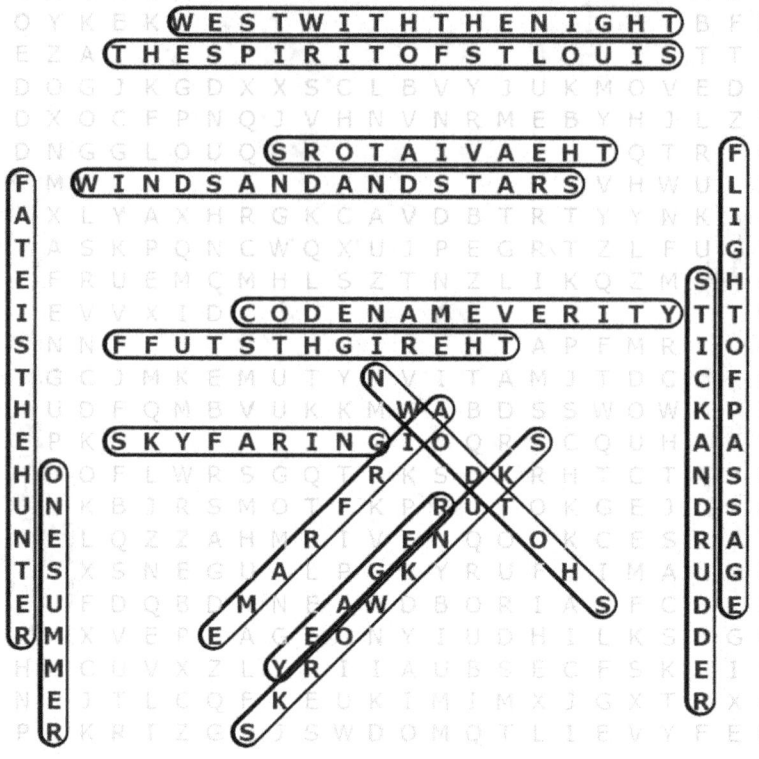

PUZZLE #16

Aviation Related Books 2

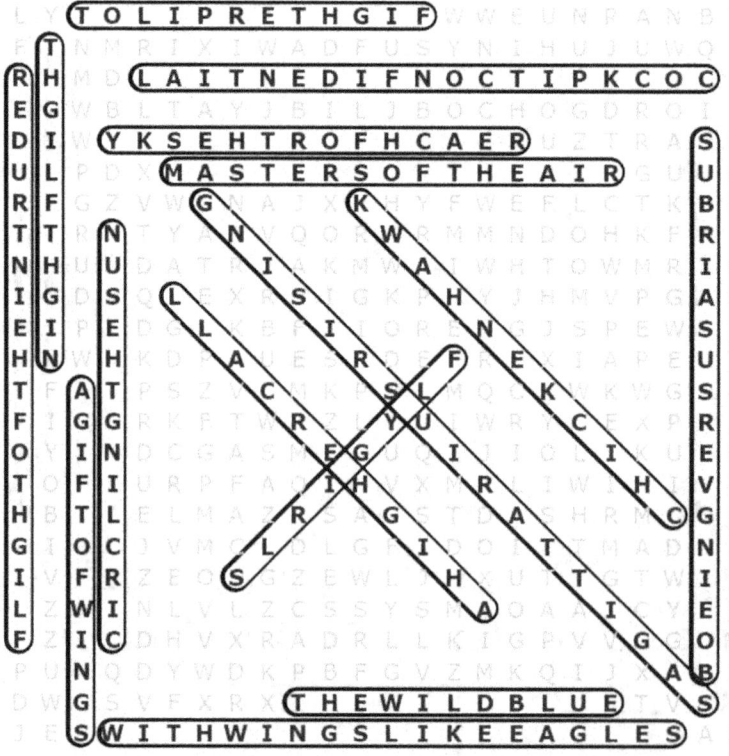

PUZZLE #17

Aviation Vocabulary 1

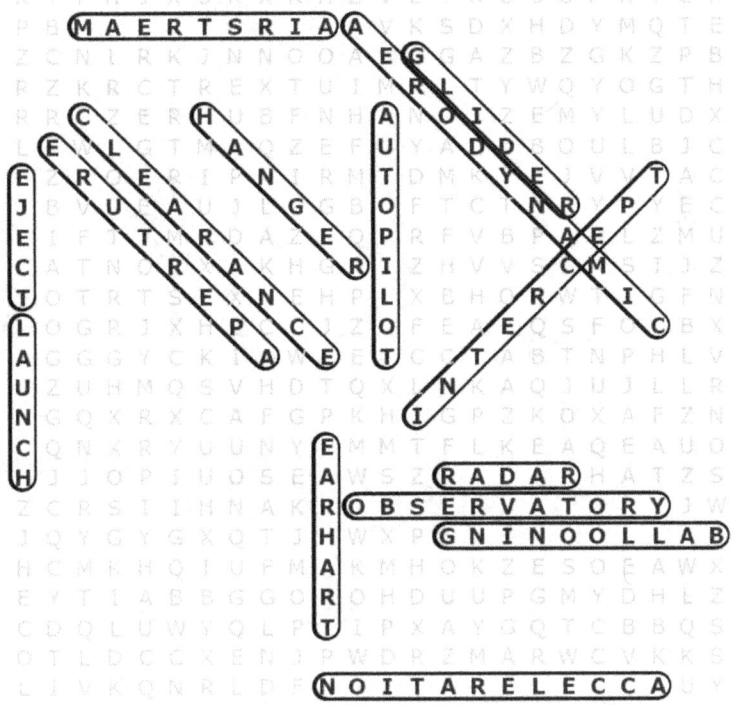

PUZZLE #18

Aviation Vocabulary 2

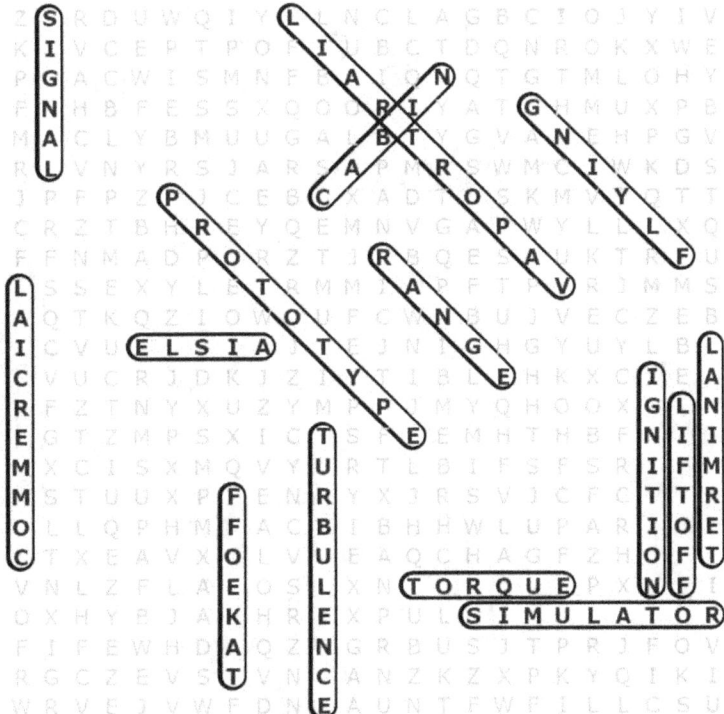

PUZZLE #19

US Airplane Flight Schools

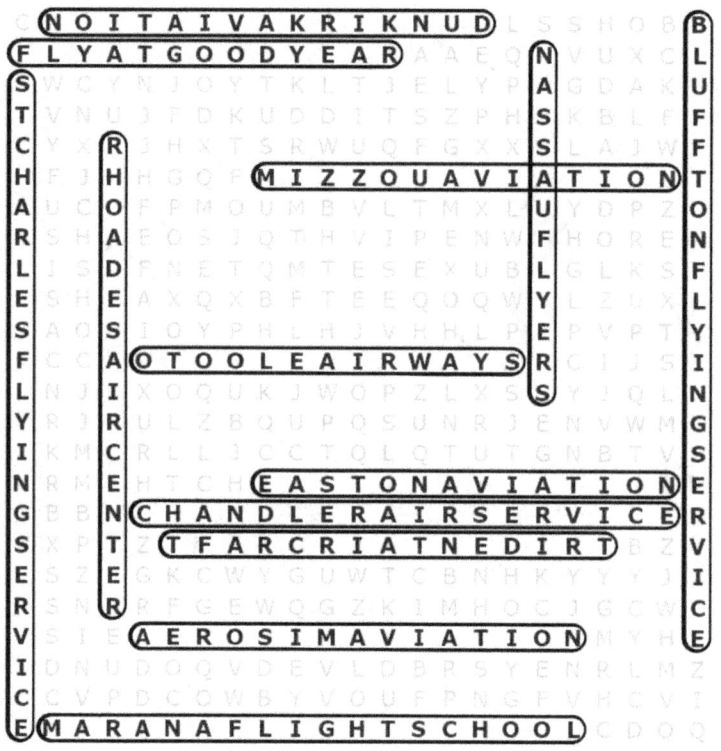

PUZZLE #20

Cabin Crew Terminology

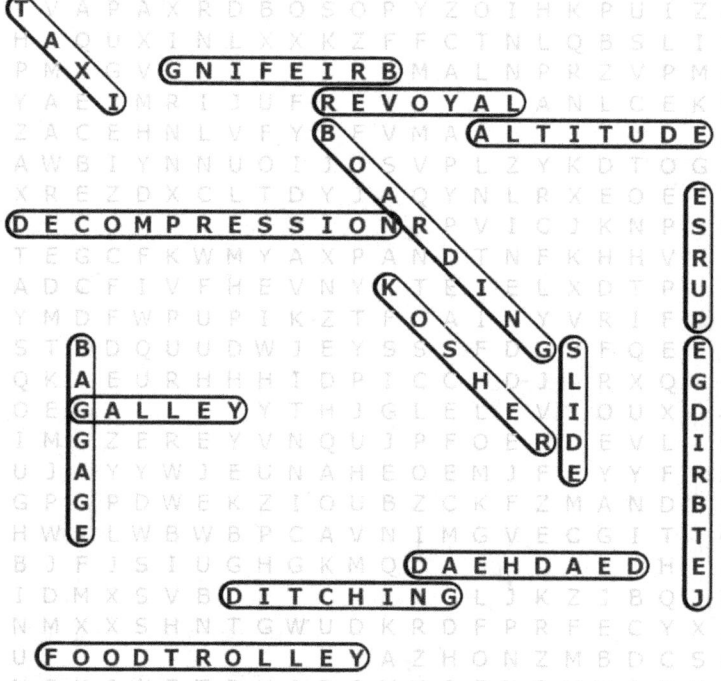

PUZZLE #21

Aviation Pioneers 1

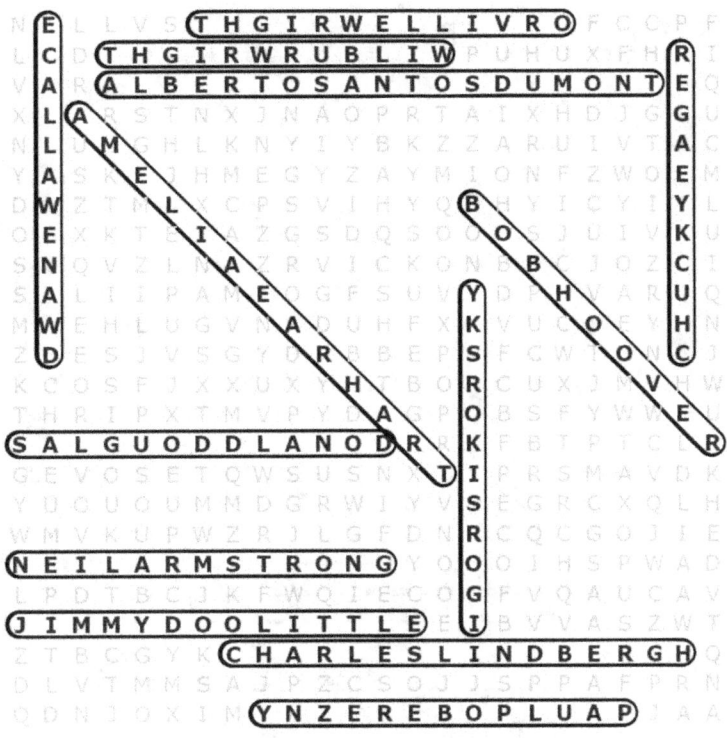

PUZZLE #22

Aviation Pioneers 2

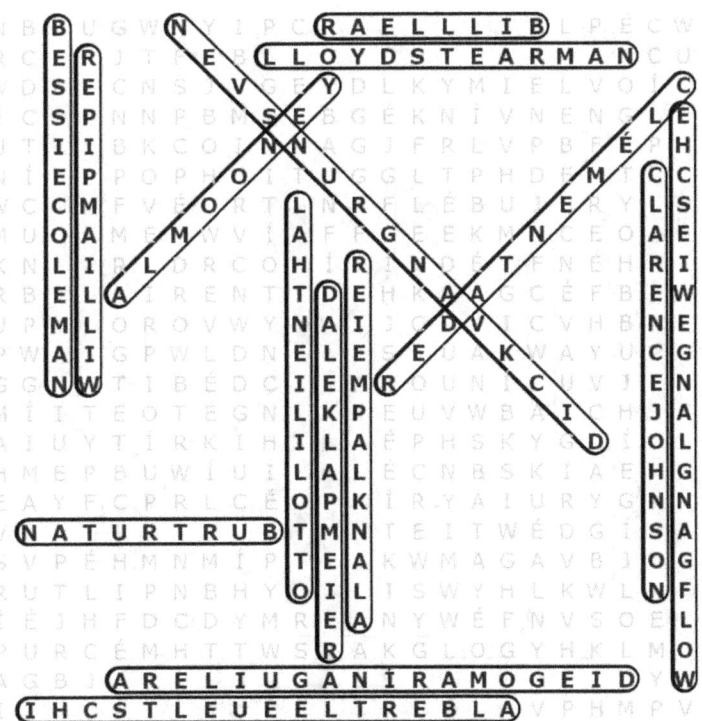

PUZZLE #23

Celebrities Who Are Pilots

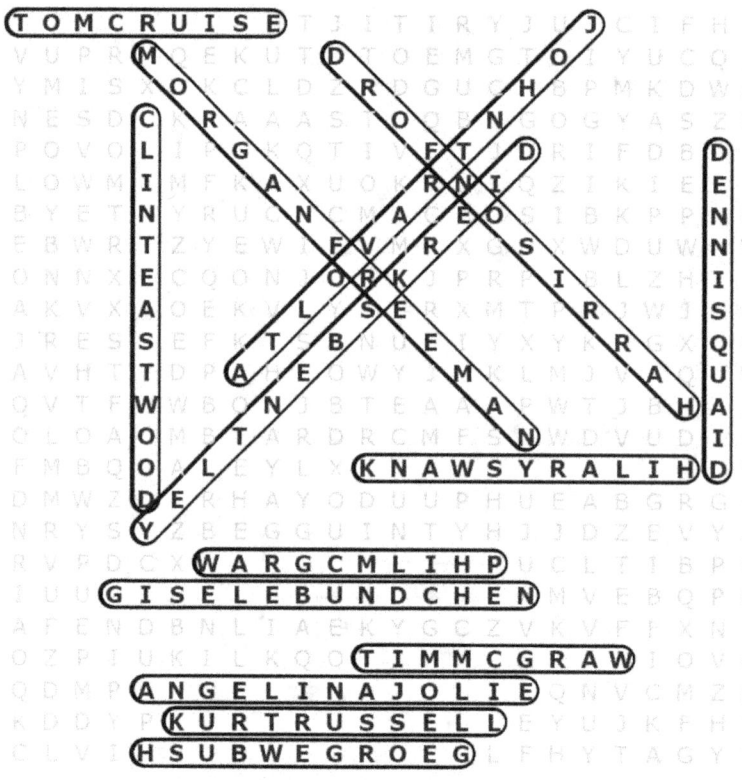

PUZZLE #24

Flight Simulation Video Games 1

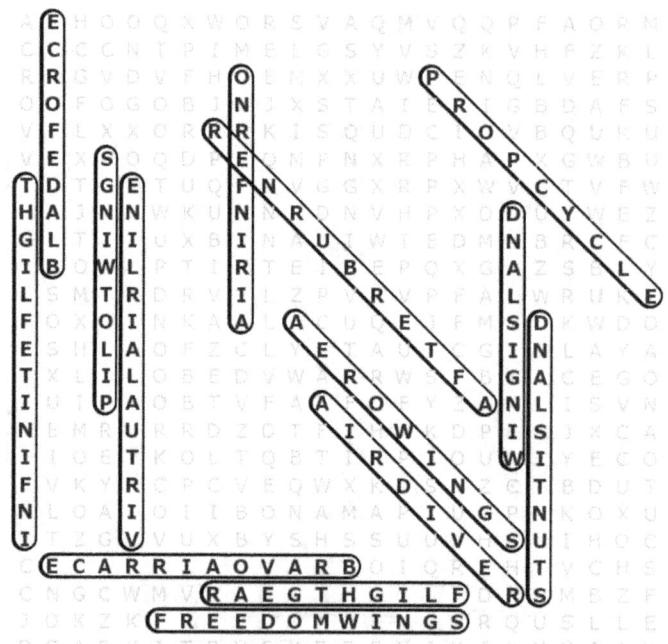

PUZZLE #25

Flight Simulation Video Games 2

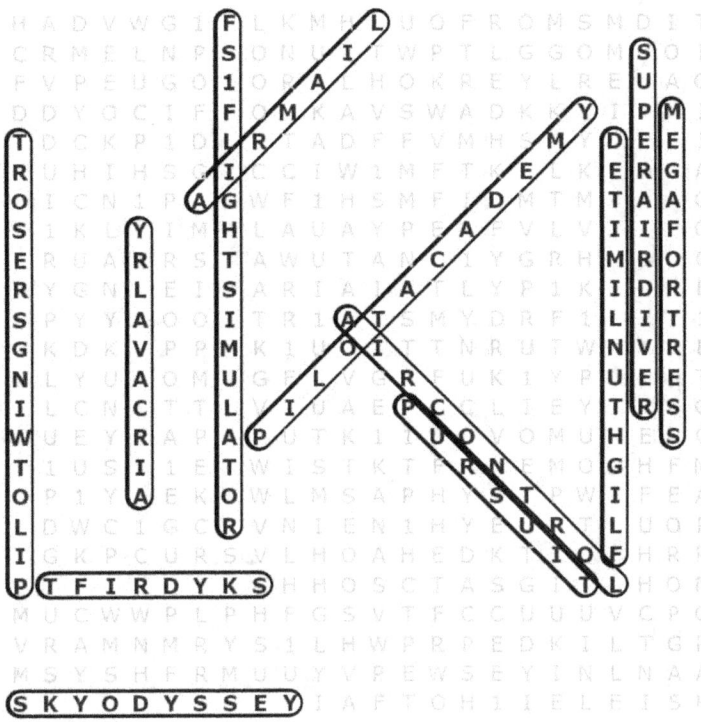

PUZZLE #26

Songs About Flying 1

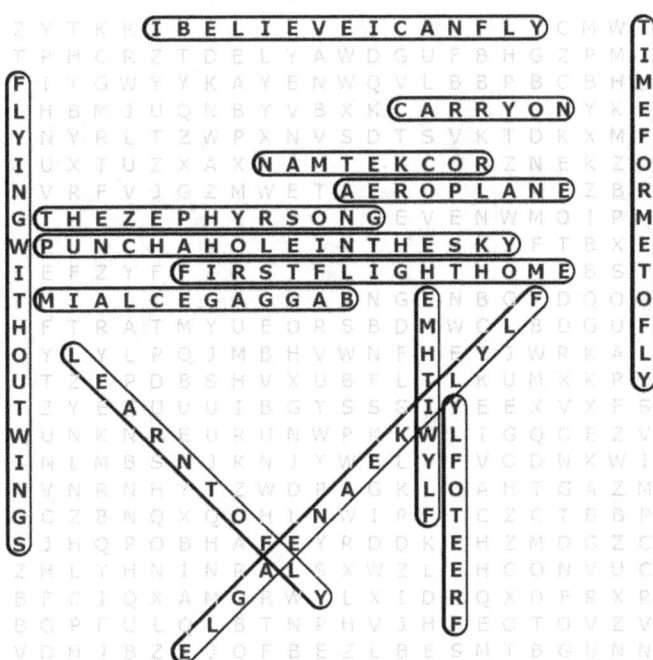

PUZZLE #27

Songs About Flying 2

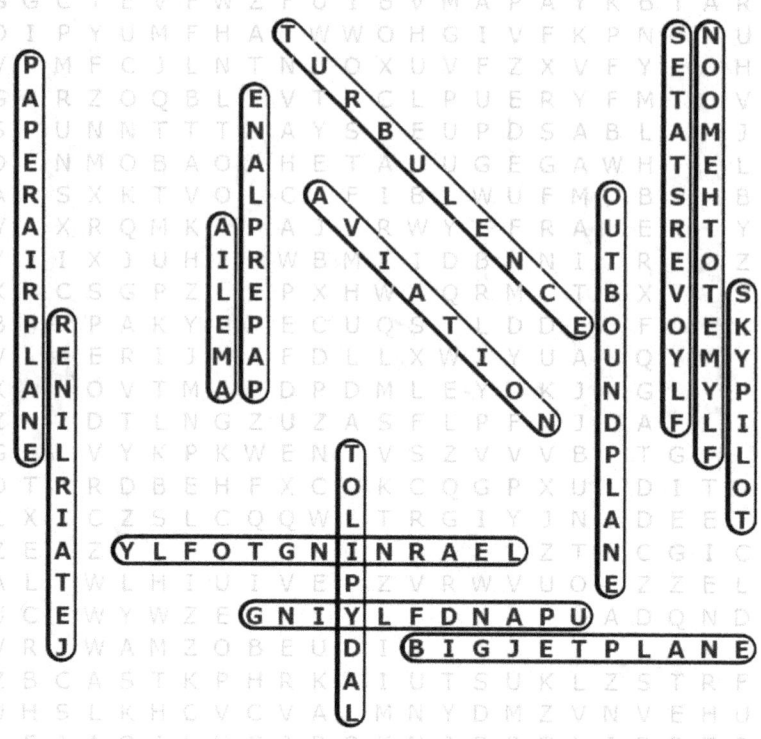

PUZZLE #28

Airplane in Different Languages 1

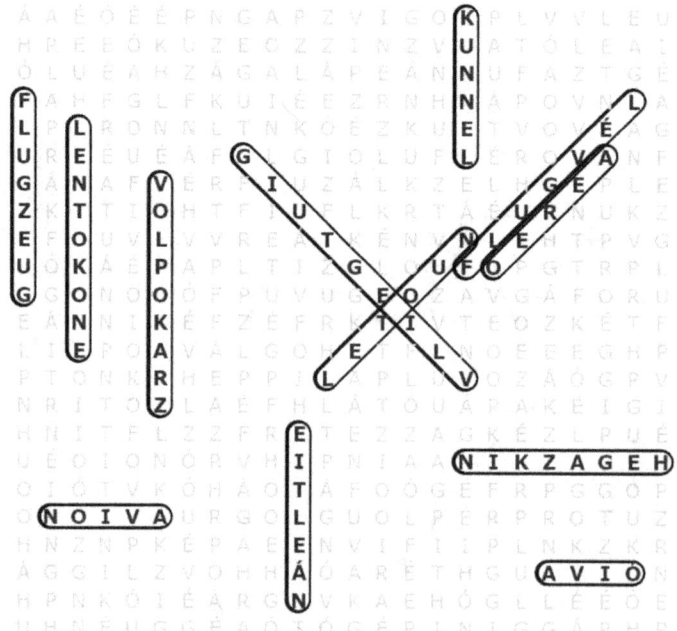

PUZZLE #29

Airplane in Different Languages 2

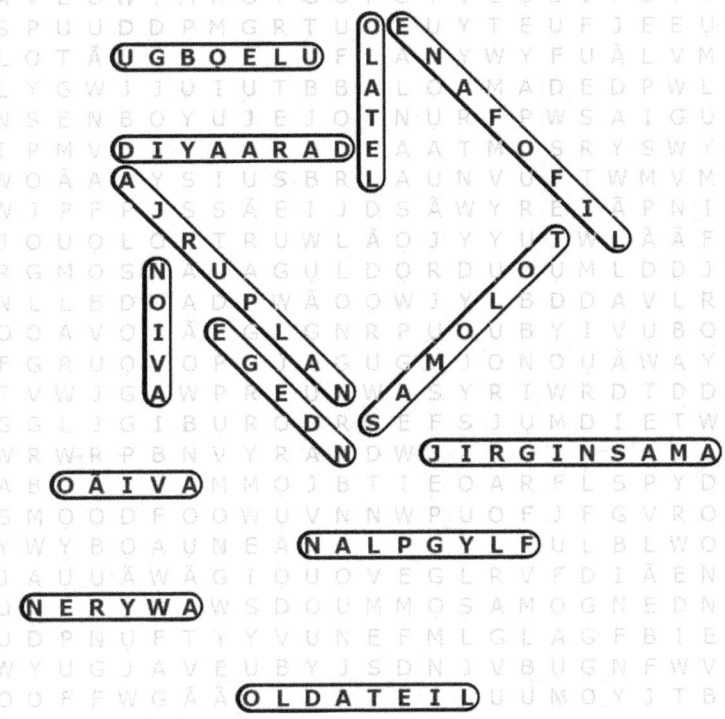

PUZZLE #30

Airplane in Different Languages 3

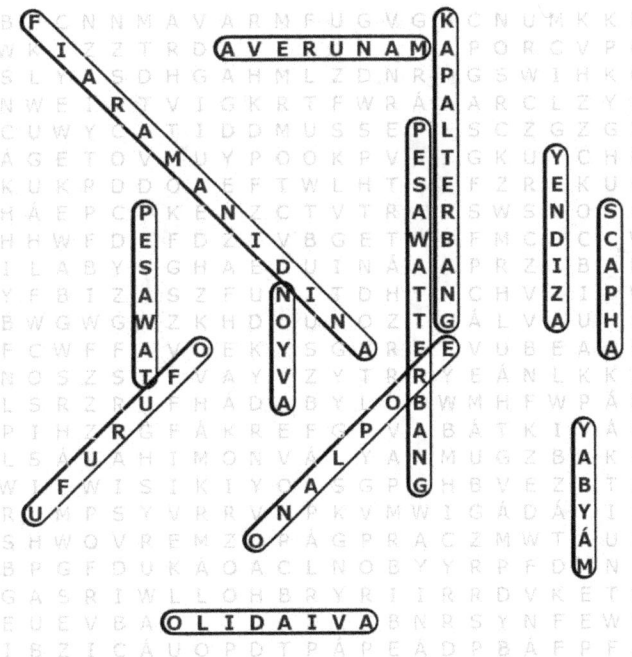

PUZZLE #31

Aviation School Subjects

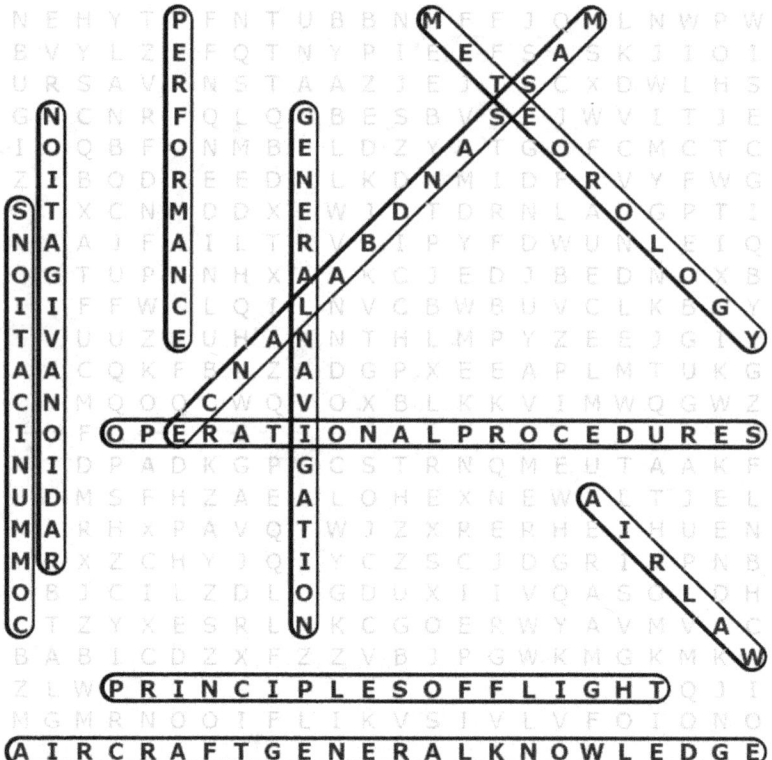

www.ingramcontent.com/pod-product-compliance
Lightning Source LLC
Chambersburg PA
CBHW081058240526
45465CB00025B/2741